人権
デュー・ディリジェンスの実務

大村恵実・佐藤暁子・髙橋大祐 著

Human Rights Due Diligence
in Practice

一般社団法人**金融財政事情研究会**

はしがき

企業経営・企業価値に直結する人権尊重

　2011年に国連で承認された「ビジネスと人権に関する指導原則」(以下「指導原則」)は、企業に人権尊重責任があることを確認し、企業に対し、自社の事業活動およびサプライチェーンなどの取引関係を通じた人権への負の影響を評価し、取り組む「人権デュー・ディリジェンス」(以下「人権DD」)を要請している。これは、とりわけ経済活動のグローバル化が進む過程で生じている、事業活動に関連する人権問題に国際社会として取り組む必要性の高まりを背景としたものである。指導原則の承認以降、人権DDの要素は、その実効性を高めるために、海外法規制や開示ルール、業界団体のガイドラインまでさまざまな規範として組み込まれている。特に近年、コロナ危機や気候変動による自然災害により、社会的に脆弱な立場に置かれている人々がよりいっそう苦境に立たされ、また、世界各地での紛争・暴力や民主主義の抑圧などにみられるように、社会が不安定化するなかで、企業の人権尊重の必要性を求める声が一段と高まっている。

　また、企業における人権尊重は、社会における責任を果たすために必要であるとともに、企業価値の維持・向上に役立ち企業経営に直結すると評価されている。これは、SDGs(持続可能な開発目標)の究極的な目的である「誰一人取り残さない持続可能な社会」の達成、ESG(環境・社会・ガバナンス)投融資への対応と活用、ステークホルダー資本主義のもとでのガバナンスの強化、欧米で強化される法規制への対応、取引先・顧客からの要求・期待への対応、市民・NGOにおいて強まる懸念への対応の観点から、人権尊重経営が不可欠と理解されるようになっていることに基づく。

　このような国内外の潮流を背景として、2021年改訂のコーポレートガバナンス・コードでは、取締役会が人権尊重を重要な経営課題として適切に対応すべきことが明記された。また、2022年9月、日本政府は、日本で事業活動

を行う企業を対象とした「責任あるサプライチェーン等における人権尊重のためのガイドライン」を発表し、政府としての人権DD実施への期待を具体化した。

人権DDを企業実務に落とし込むためには

政府のガイドラインは、指導原則などの国際規範をふまえて政府の企業に対する人権DDの期待内容を明確にしており、企業が人権DDに取り組む出発点となりうる。

一方、同ガイドラインは、日本企業が直面するさまざまな人権課題に関して、どのような調査や対応を行うかの具体的な方策は十分には示していない。

また、日本政府が2020年に策定した「『ビジネスと人権』に関する行動計画（2020－2025）」で明記されているとおり、日本社会では、歴史的・社会的背景といったさまざまな要因から、「国際人権」に関する理解が十分ではないといわれる。企業関係者からは、具体的に人権DDとして何をすればよいのか、国際人権基準に沿った行動とは何なのかがわからないという悩みも聞く。

人権DDの概念が日本の企業実務に十分浸透していないなかで、日本企業が人権DDに関連する海外法令やガイドラインに表面的にのみ対応した場合には、ステークホルダーから懸念を招くばかりではなく、投資家や取引先からの評価・信頼を得ることもできない危険性も生じる。

日本企業が、人権DDを企業実務に落とし込み、人権尊重と企業価値の向上の双方を実現するためには、政府ガイドラインを補強する、人権DDに関する実務的な手引が必要である。

本書が目指すもの

以上の観点から、本書は、人権DDの実践上の論点に関するQ&A、個別の人権課題の内容と対応、具体的な事例における検討方法の解説などを通じ

て、国際人権に関する理解を深めつつ、人権DDを日本企業の実務に落とし込むために必要な視点や工夫を解説することを試みるものである。人権DDは、その主要な要素は指導原則が提供するものの、定式があるものではなく、事業活動やその範囲によって、企業自らが工夫しながら取り組むことが重要となる。そのため、本書も「正解」を述べるものではなく、あくまで企業自身による取組みを支援・促進することを目的としている。

　企業における人権DDの実践には、経営陣のコミットメントのもと、サステナビリティ・経営戦略・法務・コンプライアンス・監査・人事・調達・広報・IRなど部署横断的に幅広い分野の担当者や専門家が関与することができる。また、人権DDは、あらゆる規模・セクターの企業において実施が求められており、大企業のみならず中小企業も、そして事業会社のみならず金融機関・機関投資家にも対応が求められている。そのため、本書も、幅広い企業関係者・専門家、これらの企業内外のプロフェッショナルを目指す学生・社会人の方々を広く対象としている。

本書の特徴──国際的・実務的・包摂的な知見を結集

　本書は、「ビジネスと人権」をライフワークとして取り組んでいる3名の弁護士の知識・経験を結集して作成したものである。

　人権DDは、国連指導原則、OECD（経済協力開発機構）多国籍企業行動指針、ILO（国際労働機関）多国籍企業宣言や国際労働基準などの国際規範に準拠したかたちで実施することが不可欠である。この点、著者らはいずれも国際機関（ILO（大村）、UNDP（国連開発計画）（佐藤）、OECD（高橋））での経験を有しており、その知見を活かして、本書でも国際規範との整合性を意識した説明を心がけている。

　また、「ビジネスと人権」の課題対応においては、企業、政府およびステークホルダーが対話・協働しながら、人権尊重のために実務的な解決方法を模索していくことが重要である。著者らは行動計画やガイドライン策定など日本政府の政策形成に委員として関与したり、実務家として、企業やス

テークホルダーの利益を衡量しながら人権DDの助言・支援を行う経験も得ている。そこで、本書でも日本企業の実情に即しつつステークホルダーの期待に応えられるような説明に努めている。

　一方、著者らの専門分野、経験、活動の重点は、略歴記載のとおり異なっている。本書の執筆にあたっては、各自が執筆を担当した原稿を相互にレビューし、議論しながら、1つの問題に異なる観点から光を当て、可能な限り、多様性・包摂性を確保することも心がけた。

本書の構成──さまざまなアプローチから人権DDの理解を促進

　本書は4つの章から構成され、各章が、異なるアプローチから、人権DDの実務に関する読者の理解を深めることを促進しようとしている。

　第1章は、人権DDの基礎を、事例や図表を用いて、簡潔かつわかりやすく説明している。人権尊重・人権DDと企業価値のかかわり、指導原則が求める人権DDの要素、尊重すべき国際人権の内容、人権DDに関するルールの動向や企業への影響、事業局面・セクター別の人権課題などを解説している。

　第2章では、人権DDの実践上、企業関係者が悩むことが多い論点をQ&A形式で解説している。人権方針の策定とガバナンス体制整備、人権リスクの特定・評価、サプライチェーンでの調査・対応、ステークホルダーとの対話、構造的な問題の対処、是正・救済とグリーバンス（苦情処理）メカニズムの構築、訴訟・紛争リスクへの対応、非財務情報開示などの人権DDの各プロセスに沿って、実務上生じうる疑問への回答を試みている。中小企業や金融機関での留意点についても解説している。

　第3章では、国際人権に関する理解を深めることを目的として、個別の人権課題の具体的な内容や対応をQ&A形式で解説している。日本企業が特に直面することの多い、外国人労働者、ジェンダー、コロナ危機、環境・気候変動、テクノロジー、開発、紛争にかかわる人権課題をあげている。

　第4章では、労働・開発・紛争にかかわる3つの具体的な事例に関して、

企業の人権DDの実施方法や留意点を解説している。

　なお、本書において、指導原則の和訳は、国際連合広報センターが公表している和訳（https://www.unic.or.jp/texts_audiovisual/resolutions_reports/hr_council/ga_regular_session/3404/）を参照させていただいた。

　本書が、多くの読者の皆様において、誰一人取り残さない持続可能な社会の実現と企業価値の向上に向けて、人権DDを実践・推進するための一助となれば幸いである。

謝　　辞

　本書の内容は、著者らが「ビジネスと人権」に関する業務や活動を通じて得た知識や経験に基づいて執筆している。これまで著者らが関与させていただいたさまざまな企業・金融機関、ステークホルダーやその支援を行う市民社会組織・労働組合、関係府省庁・国際機関、弁護士・研究者はじめ専門家の方々に深く感謝する。本書の企画についてお声がけいただき、編集作業にご尽力いただいた池田知弘様はじめ株式会社きんざいの皆様、本の印刷・製本・装丁・物流・販売にかかわるすべての皆様にも御礼申し上げる。最後に、著者らが所属する日本弁護士連合会やビジネスと人権ロイヤーズネットワーク（BHR Lawyers）の仲間、各自が所属する事務所・組織の同僚、そして著者らを公私ともに支えてくれている各々の家族にも感謝したい。

2023年1月

大村　恵実

佐藤　暁子

高橋　大祐

■著者略歴

大村　恵実（おおむら　えみ）

第2章第2〜5、9、第3章第1〜3、第4章事例1担当

CLS日比谷東京法律事務所パートナー。弁護士（2002年登録）、ニューヨーク州弁護士（2007年登録）。ニューヨーク大学ロースクールにて修士号（国際法学専攻）取得。

ILO（国際労働機関）ジュネーブ本部で3年間勤務した経験を活かしつつ、中核的労働基準など国際人権基準について企業に助言し、人権デュー・ディリジェンス支援業務に携わる。

内部通報制度の社外窓口や、企業その他法人のコンプライアンス委員会、ハラスメント委員会業務、労働法務に長年の経験がある。上場企業の社外役員を務め、役職員向けの研修も数多く担当。2021年よりビジネスと人権に関する行動計画推進円卓会議構成員。

近著に、ビジネス法務（中央経済社）2022年1月号「ILOハラスメント撤廃条約の概要と企業への影響」、同2021年5月号「取引契約書における人権ポリシー遵守規定の定め方と運用方法」。

佐藤　暁子（さとう　あきこ）

第2章第6〜8、第3章第4〜7、第4章事例2担当

ことのは総合法律事務所・弁護士（2012年登録）。International Institute of Social Studies（オランダ・ハーグ）にて修士号（開発学専攻）取得。

2010年、カンボジアの名古屋大学日本法教育研究センターにおける日本法講師としての経験を通じ、開発分野への関心を深める。人権NGOとして、カンボジアの土地の立退き問題や縫製工場の労働問題に関する現地調査に参加。東南アジア地域における人権問題に重点を置きつつ、日本企業に向けた人権方針、人権デュー・ディリジェンス、ステークホルダー・エンゲージメントのコーディネート、また、NGOとしての政策提言などを通じて、ビジネスと人権の普及・浸透に取り組む。

2022年4月より国連開発計画（UNDP）ビジネスと人権プロジェクトのリエゾンオフィサー。経済産業省によるサプライチェーンにおける人権尊重のためのガイドライン検討会元委員。

高橋　大祐（たかはし　だいすけ）

第1章、第2章第1、10〜12、第4章事例3担当

真和総合法律事務所パートナー。弁護士（2005年登録）。法学修士（米・仏・独・伊）。

企業・金融機関に対し、「ビジネスと人権」を含むグローバルコンプライアンス・サステナビリティに関する助言・支援、紛争解決・危機管理を担当。国際法曹協会（IBA）ビジネスと人権委員会共同議長、日本弁護士連合会弁護士業務改革委員会CSRと内部統制PT副座長、ビジネスと人権対話救済機構（JaCER）共同代表も務める。

OECD責任ある企業行動センター・コンサルタント、外務省ビジネスと人権行動計画作業部会構成員、環境省環境デュー・ディリジェンス普及に関わる冊子等検討会委員、2025年日本国際博覧会協会持続可能な調達ワーキンググループ委員などの公職も歴任。

近著に、『グローバルコンプライアンスの実務』（金融財政事情研究会、2021年）、『SDGs/ESG経営とルール活用戦略』（商事法務、2022年）。

目　次

第3章　個別の人権課題と人権デュー・ディリジェンス

第4章 事例で学ぶ人権デュー・ディリジェンス

第 **1** 章

序論
人権デュー・ディリジェンスの基礎

ビジネスが直面する多様な人権課題

近年、企業活動が労働者・消費者・地域住民などステークホルダーの人権に負の影響を与えているという問題意識が世界各国で高まっており、2011年にビジネスと人権に関する国連指導原則（以下「指導原則」）が承認されたことを契機に、「ビジネスと人権」の課題が具体的に認識されるようになっている。

以下の事例をみても、企業は、多様な人権課題に直面していることがわかる。

① アパレルブランドは、サプライヤー工場における外国人技能実習生の搾取に関する実態が報道され、製品の不買運動に発展した[1]。

② 別のアパレルブランドは、新疆ウイグル自治区での強制労働によって生産された商品を米国に輸入した疑いがあるとして、米国で禁輸措置を受けた[2]。

③ 広告代理店は、若年従業員の過労自殺問題に関して労働基準法違反で刑事訴追され、公共調達においても入札参加資格停止措置を受けた[3]。

④ スポーツ関連団体は、五輪施設の建設において、自然環境や先住民族の生活に悪影響を与えるかたちで伐採された木材を使用していると国際環境団体から問題提起を受け調達基準を改訂するに至ったほか[4]、通報窓口に苦情申立てを受けた[5]。

⑤ 飲料メーカーは、ミャンマー軍事関係者に寄付を行ったとして国際

---

1 ビジネスインサイダー2019年6月26日記事「NHK報道で不買運動に発展。炎上する今治タオルにみるコンプラ、ブランド管理の難しさ」
2 日本経済新聞2021年5月20日記事「米、ユニクロ衣料輸入停止 税関当局、ウイグル問題巡り」
3 日本経済新聞2019年7月12日記事「電通を1カ月指名停止、違法残業事件で経産省」

人権団体から非難されたほか[6]、軍事クーデター後にミャンマーからの撤退を余儀なくされた[7]。

⑥　オーストラリアの銀行は、カンボジアの地元住民の強制移転を伴う製糖所プロジェクトへの融資が、OECD多国籍企業行動指針違反の疑いがあるとしてNGOから告発を受け、政府の国家連絡窓口（NCP）から勧告を受けた[8]。

⑦　インドネシアの食品メーカーは、強制労働・森林破壊を伴うかたちで生産されたパーム油を調達していることを理由に、ノルウェー公的年金基金から投資引揚げ措置を受けた[9]。

⑧　オランダのエネルギー企業は、大量の二酸化炭素の排出を通じて気候変動を悪化させ、人権侵害をもたらしているとしてNGOや地域住民から訴訟提起を受け、バリューチェーンを通じた排出削減命令を受けた[10]。

⑨　フランスの電力会社は、メキシコ子会社の風力発電事業が先住民族の同意なく行われ人権を侵害しているとしてメキシコ・フランス双方で訴訟提起を受け、事業停止に追い込まれた[11]。

⑩　米国のSNS運営企業は、顔認識技術を用いて取得した個人データを

4　朝日新聞2018年11月27日記事「東京五輪　木材の調達基準見直しへ　農園開発で伐採は禁止」

5　「通報の受付及び処理の状況について」（https://www.2020games.metro.tokyo.lg.jp/special/watching/tokyo2020/games/sustainability/status-of-the-reports/index.html）

6　英国ガーディアン紙2018年6月15日記事「Japanese brewery gave donation to Myanmar army chief during Rohingya crisis」

7　2022年2月15日記事「キリン、ミャンマー撤退へ　国軍系企業と交渉難航　現地事業の環境一変」

8　ロイター2018年10月11日記事「Australia government body criticises ANZ for Cambodia land rights violations」

9　ロイター2019年2月28日記事「Norway's wealth fund ditches 33 palm oil firms over deforestation」

10　高橋大祐「シェルの「脱炭素」裁判、気候変動を人権侵害とした衝撃」（日経ESG 2021年9月29日付記事）

11　Windpowermonthly 2022年6月7日記事「Mexico cancels contract with controversial EDF wind farm」

不当に利用しプライバシーを侵害したとして集団訴訟を提起され、多額の賠償金の支払に応じざるをえなくなった[12]。

　上記の事例からもわかるとおり、人権課題には、労働に関する問題を中心としつつも、環境、開発、紛争、プライバシーなど多様な問題に関連している。また、特筆すべき点は、企業は、上記事例において、自社が直接起こした問題のみならず、サプライヤー（①②④⑦）、寄付先（⑤）、融資先（⑥）など取引先が引き起こした人権問題について責任を問われていることであり、取引先の管理も要請されている。

　以上のような人権問題の発生により、企業には、刑事・行政・民事罰（②③⑩）、輸入差止（②）、民事訴訟・ADR（④⑨⑩）などのさまざまな法的問題に直面しうる。加えて、事業撤退（⑤⑨）、顧客・取引先の減少（①③）、公共調達の指名停止（③）、投資の引揚げ（⑦）などのさまざまな経済的損害やレピュテーション毀損も生じる可能性がある。

　企業は、いかにして、このようなさまざまな人権課題に対応し、人権を尊重する責任を果たすとともに、企業価値を維持・向上できるか。

　指導原則は、企業に対し、企業活動が事業活動およびサプライチェーンなどの取引関係を通じて人権に対して及ぼす負の影響を評価し取り組むという「人権デュー・ディリジェンス」（以下「人権DD」）を要請している。この人権DDを実践することが人権課題の対応にあたっての要となる。

第2　企業価値に直結する人権尊重・人権DD

　第1では、企業が直面するさまざまな人権課題に対応し、人権尊重責任を果たす観点から人権DDを実施することが重要であることを説明した。とは

12　AP NEWS2021年2月27日記事「Judge approves $650M Facebook privacy lawsuit settlement」

図表1－1　企業価値に直結する人権尊重・人権DD

1　SDGsの究極的な目的の達成	2　ESG投融資への対応・活用	3　ステークホルダーを重視したガバナンスの強化
4　欧米で強化される法規制への対応	5　取引先・顧客からの要求・期待への対応	6　市民・NGOにおいて強まる懸念への対応

いえ、日本では人権DDが法律上義務づけられているわけではない。それにもかかわらず、人権尊重はなぜ日本企業にとって重要な経営課題といえるのか。なぜ人権DDの実施が必要なのか。

　企業における人権尊重およびそのための人権DDは、以下にあげる6つの意味で、企業にとってリスク管理や機会創出のためにも欠かせないものとなっており、企業価値に直結している（図表1－1参照）。

1　SDGsの究極的な目的の達成

　多くの企業は、持続可能な開発目標（SDGs）への貢献にコミットしている。

　SDGsの根拠文書である2030年アジェンダは、その前文で、SDGsの究極的な目的が「誰一人取り残さない」「すべての人々の人権」にあることを明確にしている。その19段落は、SDGsの目標実施の前提として、すべての国がすべての人の人権を尊重、保護および促進する責任を有することを強調している。また、67段落は、企業に対して、SDGsの目標達成に向けて、指導原則などを遵守すべきことを明記しつつ、創造性とイノベーションを発揮することを求めている。実際、SDGsの17の目標や169のターゲットの達成は、人々の人権の享受や実現と表裏一体の関係にある。

2 ESG投融資への対応・活用

投融資先の選定にあたって環境・社会・ガバナンスの要素を考慮するESG投融資が拡大している。人権はESGにおける「S（社会）」における中核要素として位置づけられ、「E（環境）」とも関連することから、投資家も関心を高めている。

第1の⑦の事例のように、企業が人権侵害に関与した場合には投融資の引揚げなどの措置を受けるリスクがある。一方で、企業が人権DDを適切に実施し企業価値を維持・向上している状況を投資家・金融機関に対し効果的に開示できた場合には、投融資先としての魅力を高めることにもつながる。

3 ステークホルダーを重視したガバナンスの強化

企業のガバナンスのあり方をめぐっては、近年、企業の社会との関係での存在意義（パーパス）を重視して経営を行うべきとする「パーパス経営」や、会社のパーパスは株主の利益のみならずステークホルダーの利益の実現にあるという「ステークホルダー資本主義」が支持を拡大している。

ステークホルダーの人権への負の影響を評価・対処する人権DDの実施は、以上のようなステークホルダーを重視したガバナンスの強化にも役立つ。

コーポーレートガバナンス・コードの2021年改訂においては、補充原則2③において、取締役会が、人権尊重を含むサステナビリティ課題を重要な経営課題として対処すべき旨が明記された。

4 欧米で強化される法規制への対応

第5で説明するとおり、指導原則を契機として、欧米各国においてサプライチェーンを通じた人権DDの実施または開示を義務づける法規制が導入・強化されている。英国現代奴隷法など一部のサプライチェーンDD・開示規制については日本企業も直接適用を受ける場合がある。直接規制が適用されなくとも、規制の適用を受ける欧米企業から、そのサプライチェーン管理の

一環として、人権DDの実施・開示を要請されるというかたちで実務上、影響を受けている。

また、米国・カナダ等の関税法のもとでは、強制労働によって生産された商品の輸入を禁止している。その結果、米国・カナダ等に商品を輸出する日本企業は、禁輸措置を受けないためにも、サプライチェーンを通じて強制労働のリスクがないか否か（という観点から）人権DDが求められている。

5 取引先・顧客からの要求・期待への対応

国内外の企業において、サプライチェーンなどの取引関係を通じた人権DDの実務が拡大している結果として、日本企業も、取引先・顧客から、そのサプライチェーン管理の一環として、人権DDなどの人権尊重の取組みを求められる場面が増加している。また、公共調達の基準においても、人権DDをはじめ人権尊重の要素が組み入れられている。

企業がこのような取引先・顧客からの人権尊重に関する要求・期待に応えられなければ、取引先・顧客を失い、売上げが減少するというかたちで、経済的な損失に直結しかねない。一方、企業が人権DDや人権尊重を率先している状況を開示できれば、取引先・顧客の信頼を高め、収益機会の創出につながる可能性がある。

6 市民・NGOにおいて強まる懸念への対応

国内外において市民の人権問題に対する問題意識が高まり、企業が人権に対して及ぼす負の影響に関して懸念も強まり、NGOによる企業に対する問題提起も積極化している。企業やその関係者による人権侵害への関与や人権を軽視した言動は、SNSを含むさまざまなメディアを通じて炎上を招き、企業のレピュテーション損害に直結する場面も増加している。

図表1−2　指導原則の3つの柱

第1の柱 国家の 人権保護義務 原則1〜10	第2の柱 企業の 人権尊重責任 原則11〜24	第3の柱 救済への アクセスの確保 原則25〜31
企業に求められる措置	人権DD＋人権方針の 策定＋是正	グリーバンスメカニズム の整備や協力

<h2>第3　ビジネスと人権国連指導原則が要請する人権DDの要点</h2>

　そもそも指導原則が要請する人権DDとはどのようなものであるか、以下ではその要点を説明する。

1　指導原則における3つの柱と人権DD

　指導原則は、2011年の国連人権理事会において全会一致で承認された、すべての国家と企業を対象としたグローバルな行動基準である。

　図表1−2のとおり、指導原則は、①第1の柱：国家の人権保護義務、②第2の柱：企業の人権尊重責任、③第3の柱：人権侵害の被害者に対する救済へのアクセス確保という3つの柱から構成されている。指導原則は31の原則から構成されるところ、①国家の人権保護義務は原則1〜10、②企業の人権尊重責任は原則11〜24、③救済へのアクセスは原則25〜31において規定されている。

　特に企業においては、第2の柱「企業の人権尊重責任」を果たすために人権DD等の実施、第3の柱「救済へのアクセス」を確保するためにグリーバ

図表1-3 人権DDのプロセスとこれを支える手段

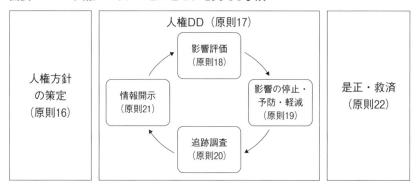

ンス（苦情処理）メカニズムの整備・協力が求められる。

2　指導原則が要求する人権DDの要素

　指導原則の原則17は、企業に対し、企業活動の人権への負の影響を評価・対処する人権DDを要請している。図表1-3のとおり、人権DDとは、企業活動の人権への負の影響に関して、影響評価、影響の停止・予防・軽減、追跡調査、情報開示を繰り返す動的なプロセスであり、その詳細は、原則18～21に規定されている。

　企業には、人権DDの前提として、原則16に基づき、人権方針の策定が要求される。また、人権への負の影響が実際に発生した場合、原則22に基づき、企業にはその是正やその協力が求められ、そのためのグリーバンスメカニズムの詳細は、救済へのアクセスに関する原則25以下でも記載されている。

3　人権DDと企業のリスク管理の比較

　上記2のとおり、指導原則が求める人権DDは、企業活動の人権への実際のまたは潜在的な負の影響（人権リスク）に関して影響評価、影響の停止・予防・軽減、追跡評価、情報開示を繰り返す動的なプロセスであり、「人権

図表1－4　従来のリスク管理・内部統制と人権DDの比較

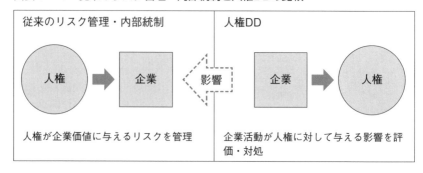

リスクの内部統制」とも評価できる（日本弁護士連合会「人権デュー・ディリジェンスのためのガイダンス（手引）」（以下「人権DDガイダンス」）参照）。

　しかし、図表1－4に示すように、人権DDと従来のリスク管理・内部統制には、本質的な違いがあることも留意が必要である。

　企業の実務において従来行われているリスク管理・内部統制は、企業自身にとっての経営上のリスク（第1の各事例で例示したような企業の法的制裁・経済的損害・レピュテーション毀損リスク）を管理することを主な目的としている。

　これに対し、指導原則が求める人権DDの本質は、自社に対するリスクよりも、企業が、企業活動のステークホルダーの人権への負の影響、すなわち、ステークホルダーにとっての人権リスク（第1の各事例で例示したような労働者・地域住民・消費者の人権侵害のリスク）をまず評価・対処すべき点にある。

　人権への負の影響を最も知りうる立場にあるのは、影響を受けうる立場にあるステークホルダーである。そのため、人権DDにおいては、影響を受けうる立場にあるステークホルダーとの対話を通じて人権DDを実施することがよりいっそう重要となる。

　以上のように人権DDは、企業にとってのリスクそのものを評価・対処するものではない。しかし、第2で解説したとおり、人権尊重・人権DDが企

図表1－5　企業と人権への負の影響の分類

企業の人権への負の影響の関係	企業に求められる行動
(1)　負の影響を引き起こしている場合（Cause）	影響の停止および被害回復
(2)　負の影響を助長している場合（Contribute）	影響の助長の停止および被害回復
(3)　負の影響と取引関係を通じて直接結びつく場合（Linkage）	取引先に対する影響力（Leverage）の行使

業価値に直結しており、図表1－4の中央の点線の矢印で示されるように、企業活動の人権への負の影響は企業経営にとってのリスクも生じさせるかたちでの影響を与える。その観点で、人権DDの実施は、企業にとってのリスクを管理する観点でも役立つ。

4　サプライチェーンなどの取引関係を通じた人権DDの要請

　指導原則は、人権DDの内容として、企業の事業活動を通じた人権への直接的な影響にとどまらず、企業のサプライチェーンなどの取引関係を通じた間接的な影響についても評価・対処を求めている。

　具体的には、図表1－5のとおり、指導原則の原則13は、企業と人権への負の影響の関係を「Cause（引き起こす）、Contribute（助長する）、Linkage（直接結びつく）」の3つに分類し、サプライチェーンなどの取引関係先において人権への負の影響が生じている場合にも一定の行動を求めている。

　第1の事例においても、サプライヤー（①②④⑦）、寄付先（⑤）、融資先（⑥）など取引先が引き起こした人権侵害が問題となっているところ、指導原則のもとでは、このような場合でも、企業の取引関係を通じて負の影響が生じていることから、企業には人権DDを実施し、適切な対応をとることが求められる。

人権DDにおいて基準となる「国際人権」

1 人権DDにおいて基準となる国際人権

指導原則の原則11によれば、「企業の人権尊重責任」の対象である人権は、「国際的に認められた人権」を意味する。人権DDにおいても、このような国際人権を基準として、負の影響に関する評価・対処が求められる。

そして、原則12には、国際的に認められた人権には、最低限、国際人権章典にあげられた人権および国際労働機関（以下「ILO」）総会で採択された「労働における基本的原則及び権利に関するILO宣言」（以下「ILO宣言」）にあげられる基本的権利に関する原則を含むとされる。

2 国際人権章典にあげられた人権

国際人権章典とは、世界人権宣言、「市民的及び政治的権利に関する国際規約（自由権規約）」「経済的、社会的及び文化的権利に関する国際規約（社会権規約）」をあわせたものを意味する。これらの文書にはさまざまな種類の人権があげられている。たとえば、図表1-6のとおり、自由権規約および社会権規約では、さまざまな種類の人権が規定されており、事業活動との関係を検討することが必要となる。

図表1-6　国際人権章典にあげられた人権のリスト

市民的及び政治的権利に関する国際規約（自由権規約）	1条：人民の自決の権利
	2条〜5条：重要な原則
	6条：生命に対する権利
	7条：拷問または、残虐な、非人道的なもしくは品位を傷つける取扱いまたは刑罰を受けない権利
	8条：奴隷制度、隷属状態または強制労働の対象とならない権利
	9条：身体の自由および安全についての権利
	10条：拘留された者が人道的な取扱いを受ける権利

	11条：契約を履行することができないことで拘禁されない権利
	12条：移動の自由
	13条：外国人の追放の際の適正手続を受ける権利
	14条：公正な裁判を受ける権利
	15条：遡及処罰を受けない権利
	16条：法の前に人として認められる権利
	17条：プライバシーについての権利
	18条：思想、良心および宗教の自由についての権利
	19条：意見および表現の自由についての権利
	20条：プロパガンダからの自由についての権利、および人種的、宗教的または国民的増悪の煽動からの自由についての権利
	21条：集会の自由についての権利
	22条：結社の自由についての権利
	23条：家族の保護についての権利および婚姻についての権利
	24条：児童の保護についての権利
	25条：政治に参加する権利
	26条：法の前の平等の権利、法律による平等の保護を受ける権利、および差別を受けない権利
	27条：少数民族の権利
経済的、社会的及び文化的権利に関する国際規約(社会権規約)	1条：人民の自決の権利
	2条～5条：重要な原則
	6条：労働の権利
	7条：公正かつ良好な労働条件を享受する権利
	8条：労働組合を結成およびこれに加入する権利、ならびにストライキをする権利
	9条：社会保障（社会保険を含む）についての権利
	10条：家庭生活についての権利
	11条：相当な生活水準についての権利
	12条：健康についての権利
	13条・14条：教育についての権利
	15条：文化的生活に参加する権利、科学の進歩による利益を享受する権利、著者および発明家の物質的および精神的な権利

(注) 上記は、国連人権高等弁務官事務所（OHCHR）「人権尊重についての企業の責任―解釈の手引き」（和訳：国際民商事センター）における付録2を参考としつつ作成し、著者において修正したものである。

図表1−7　ILO中核的労働基準とILO基本条約

ILO中核的労働基準	ILO基本条約
① 結社の自由および団体交渉権の承認	●1948年の結社の自由及び団結権保護条約（第87号） ●1949年の団結権及び団体交渉権条約（第98号）
② 強制労働の廃止	●1930年の強制労働条約（第29号） ●1957年の強制労働廃止条約（第105号）
③ 児童労働の撤廃	●1973年の最低年齢条約（第138号） ●1999年の最悪の形態の児童労働条約（第182号）
④ 雇用および職業における差別の排除	●1951年の同一報酬条約（第100号） ●1958年の差別待遇（雇用及び職業）条約（第111号）
⑤ 安全で健康的な労働環境	●1981年の職業上の安全及び健康に関する条約（第155号） ●2006年の職業上の安全及び健康促進枠組条約（第187号）

3　ILO中核的労働基準

ILO宣言にあげられた基本的権利に関する原則とは、従来、①結社の自由および団体交渉権の承認、②強制労働の廃止、③児童労働の撤廃、④雇用および職業における差別の排除という、4つの原則を意味しており、「ILO中核的労働基準」とも呼ばれている。

2022年ILO総会において、ILO中核的労働基準に、5つ目の原則として、⑤安全で健康的な労働環境を加えることが採択された。

図表1−7のとおり、ILO中核的労働基準である5つの原則の内容は、10のILO基本条約において具体的に規定されている。

4　社会的に脆弱なグループに関する追加の人権基準

指導原則の原則12の解説は、企業に対し、企業活動が特別の配慮を要する

図表1－8　社会的な脆弱なグループに関する人権基準

社会的に脆弱な グループの種類	国際人権条約・決議	企業向けガイダンス・ 原則
先住民族	先住民族の権利に関する国際連合宣言 ILO169号条約（1989年の先住民及び種族民条約）	
女性	女性差別撤廃条約	女性のエンパワーメント原則（WEPs）
民族的または種族的、宗教的および言語的少数者	人種差別撤廃条約 民族的または種族的、宗教的および言語的少数者に属する者の権利に関する宣言	
障がい者	障害者権利条約	障がい者の権利に関する企業のためのガイド[13]
子ども	子どもの権利条約	子どもの権利とビジネス原則（CRBP）
移住労働者および家族	移住労働者の権利条約	ダッカ原則
性的少数者（LGBTQ）	国連人権理事会決議17/19「人権、性的指向およびジェンダー同一性」	「LGBTIの人々に対する差別への取組み―企業のための行動基準」

社会的に脆弱な立場に置かれるリスクのあるグループに属する個人の人権の負の影響を与える可能性がある場合、追加の人権基準を考慮すべき場合があると説明している。

　すなわち、図表1－8のとおり、国際連合文書や決議によって、さまざまな社会的に脆弱なグループ（先住民族、女性、民族的または種族的、宗教的、言語的少数者、子ども、障がい者、移住労働者およびその家族等、および性的少

13　How business can respect and support the rights of persons with disabilities and benefit from inclusion: Guide for business on the rights of persons with disabilities (ilo. org)（2017年8月）

数者）の人権の内容は具体化されている。また、一部の特定のグループの人権の尊重に特化したかたちで、企業向けの人権DDガイダンス・原則も発表されている。

5　企業の人権課題の多様化

企業活動が影響を与える可能性があるステークホルダーには、自社およびサプライチェーン等の取引関係を通じて、労働者・地域住民・消費者をはじめ多様なステークホルダーが含まれる。人権DDでは、各ステークホルダーが享有するさまざまな人権への影響が問題となる。

指導原則が求める人権DDの要素は、責任ある企業行動に関するOECD多国籍企業行動指針（以下「OECD指針」）に組み込まれており、その結果、DDの対象が環境など他分野にも拡大している。

第1の各事例からも、企業の人権課題には、労働に関する問題を中心としつつも、環境、開発、紛争、プライバシーなど多様な問題に関係した課題があることがわかる。国際紛争の多発、感染症流行、気候変動、テクノロジーの進展など社会問題が変化するなかで、企業が直面する人権課題は、従来よりもよりいっそう多様化している。多様な企業の人権課題については、第3章で詳細に説明する。

第5　人権DDに関するルール形成の動向と企業価値への影響[14]

1　指導原則の意義

従来、企業にとって、各国法規制の水準を超えて環境・社会課題に取り組むことやサプライチェーン等を通じて環境・社会課題に関して対処すること

14　人権分野を含む外国法令やソフトローの影響と対応に関しては、高橋大祐『グローバルコンプライアンスの実務』（金融財政事情研究会、2021年）も参照。

図表1-9　CSRと人権尊重責任の比較

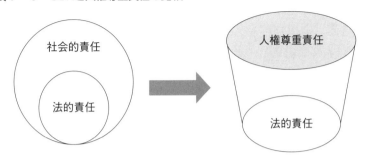

は、企業の社会的責任（CSR）に基づく取組みとして、法的責任の範囲を超える倫理上の責任として位置づけられ、任意の自主的な取組みに委ねられていた。

　これに対し、指導原則は、図表1-9のとおり、普遍的・超国家的な「人権」という概念を用いて、人権尊重責任を国内法令の遵守義務の上位規範として位置づけ（原則11解説参照）、人権尊重の取組みを「法令遵守の課題」として対処することを要求した（原則23）。このように、CSRやサプライチェーン管理を企業の自主的取組みからコンプライアンス課題に昇華した点に、指導原則の大きな意義がある。

2　他の国際規範への影響

　指導原則のDDの要素は、OECD指針やILO多国籍企業宣言にも組み込まれた。

　特にOECD指針は人権のみならず、環境・労働・腐敗防止などのさまざまな責任ある企業行動の分野に関する行動規範を規定している。OECD指針は、このような環境・社会課題が広くサプライチェーンを通じたDDの対象となることをより明確にした。また、OECDは、2018年、OECD指針が勧告するDDの内容を具体的に解説する「責任ある企業行動のためのOECDデュー・ディリジェンス・ガイダンス」（以下「OECD・DDガイダンス」）を発表し、

DDの方法をより明確化している。

3　欧米諸国のサプライチェーンDD開示規制および貿易規制の導入と影響

⑴　サプライチェーンDD開示規制の導入と影響

　指導原則や改訂OECD指針を契機として、図表1－10のとおり、欧米諸国を中心として、サプライチェーンを通じたDDまたはその開示を求める規制が導入されている。

　米国カリフォルニア州サプライチェーン透明化法、EU非財務情報開示指令、英国現代奴隷法、オーストラリア現代奴隷法は、サプライチェーンを通じたDDの実施状況の開示を義務づけている。フランス注意義務法、オランダ児童労働DD法、ドイツサプライチェーンDD法は、サプライチェーンDDの実施自体を義務づけている。2022年には、EU企業全体を対象として人権・環境DDを義務づける企業サステナビリティDD指令案が欧州委員会から提出された。

　日本企業も、以上のようなサプライチェーンDD開示規制が適用される取引先の欧米企業から、そのサプライチェーン管理の一環として規制の遵守を要求されるかたちで、影響を受けている。

図表1－10　サプライチェーンDD開示規制の種類

規制	時期	規制分野	規制内容
米国カリフォルニア州サプライチェーン透明化法[15]	2010年採択 2012年施行	強制労働	米国カリフォルニア州の製造業者・小売業者に対し、サプライチェーン上の人身取引撲滅のための取組みに関する開示を義務づけ。
EU非財務情報開示指令[16]	2014年採択 2016年までに国内法化	環境・労働・腐敗防止・人	EUにおける従業員500人超の上場企業（全業種）・金融機関に対し、サプライチェーンを含む環境・労働・腐敗防

15　https://oag.ca.gov/SB657

18

	2022年改正	権	止・人権に関するリスク管理状況に関する開示を義務づけ。2022年に改正指令（企業サステナビリティ開示指令）が採択され、対象企業が拡大されるとともに、よりいっそうDDに沿った開示を要求。
英国現代奴隷法[17]	2015年採択・施行	強制労働	英国で事業の一部を行う一定規模の企業（全業種）に対し、サプライチェーンを通じた現代奴隷撲滅のための取組みに関する声明を義務づけ。2022年現在、改正が議論されている。
フランス注意義務法[18]	2017年採択・施行	人権・環境	フランスを本拠とする一定規模の企業（全業種）に対し、子会社・サプライチェーンを通じた人権・環境DDの実施を義務づけ。
オーストラリア現代奴隷法[19]	2018年採択2019年施行	強制労働	オーストラリアで事業の一部を行う一定規模の企業（全業種）に対し、サプライチェーンを通じた現代奴隷撲滅のための取組みに関する声明を義務づけ。声明を登録する公的登録所を設置。
オランダ児童労働DD法[20]	2019年採択	児童労働	オランダの最終消費者に商品・サービスを提供する一定規模の企業（全業種）に対し、サプライチェーンを通じた児童労働の有無に関するDD・開示を義務づけ。2022年により広範に人権・環境DDを義務づける法案を議会に提出。
ドイツサプライチェーン	2021年採択2023年施行	人権・環境	フランスを本拠とする一定規模の企業（全業種）に対し、子会社・サプライ

16 https://ec.europa.eu/info/business-economy-euro/company-reporting-and-auditing/company-reporting/corporate-sustainability-reporting_en
17 https://www.legislation.gov.uk/ukpga/2015/30/contents/enacted
18 https://www.legifrance.gouv.fr/jorf/id/JORFTEXT000034290626/
19 https://www.homeaffairs.gov.au/criminal-justice/Pages/modern-slavery.aspx
20 https://www.government.nl/documents/publications/2017/02/07/child-labour-duty-of-care

DD法[21]			チェーンを通じた人権・環境DDの実施を義務づけ。
ノルウェー透明化法[22]	2021年採択 2022年施行	人権	ノルウェーで事業を行う一定規模の企業（全業種）に対し、サプライチェーンを通じた人権DDの実施を義務づけ。
EU・企業サステナビリティDD指令案	2022年2月提出	人権・環境	EUで事業を行う一定規模の企業（全業種）に対し、バリューチェーンを通じた人権・環境DDの実施を義務づけ。取締役の義務に関しても規定。今後、審議の過程で修正の可能性あり。

⑵　人権関連の貿易規制の導入と影響

　米国では、2016年採択・施行の貿易円滑化貿易執行法に基づく関税法改正により、強制労働により生産された商品の輸入が例外なく禁止された。この改正関税法に基づいて、米国の税関・国境取締局（CBP）はさまざまな国の製品に関して保留命令を発行している[23]。

　特に中国新疆ウイグル自治区における強制労働・迫害に関する懸念をふまえ、米国CBPは、新疆から調達された製品に関して複数の保留命令を発行している。2021年12月には、新疆から調達されたすべての製品を強制労働で生産されたものとみなし、輸入を原則禁止するウイグル強制労働防止法が採択され、2022年6月より施行されている[24]。

　また、カナダでも、米国と同様、2020年採択・施行の米国・カナダ・メキシコ協定実施法に基づき、関税法が改正され、強制労働により生産された商品の輸入が例外なく禁止された[25]。

21　https://dserver.bundestag.de/btd/19/305/1930505.pdf
22　https://www.regjeringen.no/contentassets/c33c3faf340441faa7388331a735f9d9/transparency-act-english-translation.pdf
23　https://www.cbp.gov/trade/forced-labor
24　https://www.cbp.gov/trade/forced-labor/UFLPA
25　https://www.cbsa-asfc.gc.ca/publications/dm-md/d9/d9-1-6-eng.html

図表1-11　人権DDが組み込まれたルールの例

種類	例
民間団体が策定した企業行動規範	ISO26000、ETIベースコード、RBA行動規範、FLA職場行動規範など
個別商品の認証	パーム油に関するRSPO、紛争鉱物に関するRMIなど
マルチステークホルダー合意	バングラデッシュ・アコードなど
企業のESG非財務情報開示の枠組み	GRIスタンダード、UNGP Reporting Frameworkなど
投資家のESG投融資に関するルール	赤道原則、EUサステナブルファイナンス開示規則、EUタクソノミー規則など
企業の評価基準	Corporate Human Rights Benchmark、Know the Chainなど

　さらに、EUでも、2022年9月に、欧州委員会が、強制労働によって生産された商品のEU域内への輸入・流通を禁止する規則案を提出した[26]。

　以上の結果、日本企業も、米国・カナダ等への輸出にあたって商品の保留を受けないためにも、サプライチェーンを通じて強制労働がないか否かの確認が求められている。

4　多様なルールにおける人権DDの組み込み

　上述した法規制以外にも、人権DDの要素は図表1-11に列挙したさまざまなルールや個別の企業間の調達基準・投融資基準・契約条項にも組み込まれ、企業に影響を与えている。

5　日本国内の動向

　日本国内でも、日本政府は、2020年「ビジネスと人権に関する行動計画」

26　https://single-market-economy.ec.europa.eu/document/785da6ff-abe3-43f7-a693-1185c96e930e_en

を発表し、指導原則に沿って、人権DDに関する日本企業に対する期待を明確にしたほか、「ビジネスと人権」の観点から各府省庁の施策を整理している[27]。また、日本政府は、2022年9月、「責任あるサプライチェーン等における人権尊重のためのガイドライン」を発表した[28]。

なお、環境省も、2020年、環境DDに関するガイダンスとして、「バリューチェーンにおける環境デュー・ディリジェンス入門」を発表している[29]。

公共調達の関係では、東京五輪[30]や大阪・関西万博[31]の「持続可能性に配慮した調達コード」において、サプライチェーンを通じた人権基準を含む調達コードの遵守が要求されており、その遵守にあたって指導原則に基づく人権DDを参照すべきことが明記されている。日本政府も、政府調達を活用した人権尊重の取組みの推進について検討を開始している[32]。

6　人権DDの各国訴訟への影響

以上の人権DDのルール化をふまえ、各国の裁判でも企業の注意義務との関連で人権DDを参照しまたはその影響を受けた判決が出されるようになっている[33]。

たとえば、オランダ・ハーグ地裁は、2021年、シェル社グループのバリューチェーン全体の二酸化炭素排出量の年間総量を2030年までに2019年比で正味45％以上減少することを命令する判決を下した。この判決は、気候変

27　https://www.mofa.go.jp/mofaj/press/release/press4_008862.html
28　https://www.meti.go.jp/press/2022/09/20220913003/20220913003-a.pdf
29　https://www.env.go.jp/content/900515994.pdf
30　https://www.2020games.metro.tokyo.lg.jp/special/watching/tokyo2020/games/sustainability/sus-code/
31　https://www.expo2025.or.jp/overview/sustainability/sus-code/
32　ビジネスと人権に関する行動計画の実施に係る関係府省庁施策推進・連絡会議第6回（令和4年9月13日）会合
33　ビジネスと人権に関する訴訟・判決の状況については、高橋大祐＝Raquel Nahmad Vazquez「ビジネスと人権に関する訴訟・判決等の状況」企業活力研究所「「持続可能な社会における『ビジネスと人権』のあり方」に関する調査研究報告書」67頁以下別添資料を参照。

動が地域住民の人権侵害をもたらすことを前提に、企業の注意義務の解釈基準として指導原則を参照し、バリューチェーンを通じた人権DDを実施すべきことを根拠とした。

また、コロンビアの最高裁は、2018年、エネルギー企業等が先住民に事前の協議・同意なく石油採掘事業を行ったことが人権侵害に当たるとして提起された憲法訴訟において、人権DDを判断基準として採用した。事業が先住民族に直接的な影響があるにもかかわらず、企業が先住民族と事前に協議していなかったことが、先住民族の「自由で、事前の、十分な情報に基づく同意（FPIC）」に関する権利を侵害しており人権DDを十分に実施していなかったものとして企業による人権侵害を認定した。

さらに、英国・オランダ・カナダ・タイなど複数の法域の裁判所で、海外子会社の行為に関して親会社としての責任を問う訴訟が提起され、親会社の責任ないしそれを追及するための裁判管轄を認める判決が下されている（第2章第9参照）。加えて、注意義務法が採択されたフランスでは、企業の人権DDの実施・改善を求める訴訟が複数提起されている。

第6 事業局面・セクター別の典型的な人権課題を押さえる

1 事業局面別の人権課題の例

図表1−12のとおり、企業は、調達・委託、生産・事業活動、職場、販売・流通、投融資、資金調達、地域活動などさまざまな局面で、異なる種類の人権課題に直面しうる。

人権課題の対応は、全社的には、サステナビリティ、経営企画、法務コンプライアンス部門などが管理することが多いと思われる一方、各事業局面に応じて現場で担当する部門は異なっている。そのため、人権課題対応にあたっては部署横断的な取組みが必要となる。

図表1−12　事業局面別の人権課題の例

事業局面	人権課題の例		主な担当部門
調達・委託 （サプライ チェーン）	・サプライチェーン・委託先工場の労働環境が劣悪であり、強制労働のリスクが存在する。 ・調達する木材・パーム油などの商品の生産の過程で、森林破壊や地域住民の人権侵害のリスクが存在する。 ・調達する鉱物が紛争地域で武装勢力の関与のもとで生産された「紛争鉱物」である可能性がある。	調達部門	サステナビリティ、経営企画、法務コンプライアンス部門
生産・事業活動	・参加するエネルギー・インフラプロジェクトにおいて、地域住民の強制移転や環境汚染のリスクが存在する。 ・紛争地域で事業活動を行うことにより、人権侵害を引き起こしている権威主義政府との関係をもたざるをえなくなっている。 ・インターネットを通じた事業において、ユーザーから取得した個人情報を、プライバシーを侵害するかたちで濫用的に使用している。 ・バイアスや差別を助長させる可能性をあるAI技術を設計・開発している。	事業部門	
職場	・職場において、ハラスメント防止に関して十分な対策をとっていない。 ・職場において、女性従業員に対する差別的な待遇が行われている。 ・ギグワーカーやクラウドワーカーの活用にあたって、適切な労働環境が確保されていない。	人事部門	
販売・流通 （バリュー チェーン）	・製品・サービスの広告において、子どもや女性の人権を侵害する表現が使用されている。 ・販売した製品が、プライバシーを侵害する監視技術のために使用されている。	営業部門、開発部門	

	・販売したAI技術が、差別を助長するかたちで使用されている。		サステナビリティ、経営企画、法務コンプライアンス部門
投融資（インベストメントチェーン）	・人権侵害のリスクが懸念されている企業に対し投融資を行っている。 ・気候変動やこれに伴う人権侵害のリスクが懸念されている石炭火力発電事業に投融資を行っている。 ・プロジェクトファイナンス先の事業において、地域住民の強制移転や環境汚染のリスクが存在する。	金融・財務部門	
資金調達	・人権を含むESG非財務情報開示の内容が正確ではないリスクがある。 ・投資家から人権を含むESG課題に関してエンゲージメントを受けている。	IR部門	
地域活動（コミュニティ）	・人権活動家が弾圧を受けている国・地域で事業を行っている。 ・地域活動のために寄付した資金が、人権侵害を引き起こしている軍部関係者に流用されているリスクがある。	各支店、CSR部門	

2　業種・セクター別の人権課題の例

　図表1－13のとおり、業種・セクターによって、人権への負の影響を及ぼす可能性が高い課題は異なる。

　企業においては、自社の事業活動やサプライチェーンに関係する人権課題を特定したうえで、当該課題について、他の課題よりも重点的に対応を検討することが求められる。

図表 1 −13　セクター別の人権課題の例

業種	人権への負の影響の例
アパレル	・縫製工場における長時間労働・不公正な賃金・労働条件 ・染色工場での労働安全衛生、化学物質使用による健康への影響 ・原料となるコットン栽培時の農薬使用による健康被害、児童労働、女性の強制労働 ・移民労働者の強制労働 ・有害物質を含む排水の放出による水質汚染に伴う健康への影響
農林水産業・食品	・小規模零細事業者に対する不公正な契約・労働条件 ・生産・加工現場での児童労働 ・移民労働者の強制労働 ・パーム油を製造するためのアブラヤシ農園での児童労働・不公正な賃金・労働条件、農園開発に伴う強制立退き ・農薬使用による健康被害 ・農地開拓に伴う強制立退き ・船上での暴力、強制労働 ・違法な森林伐採による先住民族の生活破壊
資源・エネルギー	・採掘現場での児童労働・危険労働 ・採掘現場での暴力を伴う過剰警備 ・採掘に伴う環境破壊 ・開発に伴う強制立退き ・水源汚染による水へのアクセス ・先住民族の居住地に存在する現場開発による生活文化への影響
建設・建機	・建設現場における危険労働 ・移民労働者の強制労働 ・開発に伴う強制立退き ・強制立退きや自然破壊が指摘される現場での販売した建機の使用
自動車・電子機器・ICT	・生産工場での労働安全 ・移民労働者の強制労働 ・工場移転に伴う大量解雇 ・武装勢力の資金源となっているコンゴ民主共和国や周辺国から採掘された希少鉱物（紛争鉱物） ・電気自動車のバッテリーに使用されるリチウム・コバルトの採掘時における児童労働・危険労働・環境破壊

	・有害物質を含む排水の放出による水質汚染に伴う健康への影響
日用品・化粧品	・原料に使用されているパーム油を製造するためのアブラヤシ農園での児童労働・不公正な賃金・労働条件、農園開発に伴う強制立退き ・化学物質の使用に伴う生産工場での労働安全 ・色味を出すための原料となるマイカの採掘における児童労働 ・移民労働者の強制労働 ・有害物質を含む排水の放出による水質汚染に伴う健康への影響
化学品・製薬※	・希少資源を利用して地域社会に不利益をもたらす原材料の調達 ・労働者と地域社会の労働安全衛生 ・規制がほとんどまたはまったくない地域での劣悪な労働条件と労働基準 ・商品の生産・輸送・保管時に生じる大気・水質汚染を原因とした地域住民の健康被害 ・医薬品の試験と使用による健康リスク ・低所得者やその他の脆弱なグループを対象とした試験 ・発展途上国における医薬品への手頃なアクセスの制限 ・製品管理―消費者の健康と安全、製品の安全性とラベル表示、責任あるマーケティング ・水の消費―地域資源の枯渇と地域社会へのアクセスの減少
インフラ開発※	・特に建設段階における労働者の健康と安全 ・建設段階での移民労働者の使用 ・広大な土地の開発、または水へのアクセスの減少によるコミュニティとその伝統的な生活への影響 ・先住民族を含むコミュニティの強制移転 ・建設中および建設後の騒音、廃棄物、およびその他の形態の公害を含む地域社会への環境影響 ・設備を保護するためのセキュリティサービスの使用
小売	・調達製品に関連する人権リスク（日用品・化粧品や食品における人権リスクを参照） ・労働者の低賃金 ・24時間営業に伴う長時間労働
人材派遣	・採用に伴う費用を労働者に借金して負担させることによる債務労働化 ・ディーセント・ワークの提供不足

	・移民労働者保護の不足 ・派遣先での差別、救済へのアクセスの不十分な保障
サービス ※	・低賃金・長時間労働 ・移民労働者の使用 ・強制労働・児童労働 ・サプライチェーンにおける人権リスク ・たとえば、大規模な観光、小売、レジャー施設の開発を通じた資源（地元住民が依存している土地やその他の天然資源を含む）の独占と地域コミュニティの移転による生計への脅威 ・環境への悪影響による生活水準の低下 ・検閲 ・ICT監視によるプライバシーの侵害
水道・電気などの公益事業、廃棄物処理※	・施設／インフラの管理および保守中の労働者の健康と安全 ・支払能力のない社会的に脆弱または貧しい顧客のための基本的なサービスへのアクセス制限 ・特に以下に焦点を当てた、サプライチェーンにおける労働基準と地域社会への影響： 　・炭素などの水処理材料の調達 　・メーター、配管、ケーブル、個人用保護具（PPE）などの商品の調達 　・移民労働者の使用 ・不十分な下水／廃棄物管理、電力ケーブル、変電所、貯水池、電磁場に関連する公衆衛生と安全の問題 ・施設周辺の警備体制
金融	・投融資先におけるさまざまな人権リスク

（注）　上記は、企業活力研究所「新時代の『ビジネスと人権』のあり方に関する調査研究」（2019年3月）の「表3 グローバルなサプライチェーンにおいて人権への負の影響（人権リスク）が指摘されている例」を基に、著者において加筆・修正したものである。特に※の業種に関する記載は、UNEP-FIのUNEPツールHuman Rights Guidance ToolのHuman Rights Issues by Sectorの記載を参考に加筆した。

第 **2** 章

人権デュー・ディリジェンス の実践上の留意点

第1 人権DDのプロセスの全体像

Q1　人権DDと企業買収DDの違い

人権DDは、企業買収におけるDDとどのような違いがあるのですか。

A　企業買収におけるDDは企業買収を行う際の買収先企業の調査・評価を意味します。これに対し、人権DDは、企業活動の人権への実際のまたは潜在的な負の影響（人権リスク）に関して影響評価、影響の停止・予防・軽減、追跡調査、情報開示を継続的に繰り返すプロセスであり、その措置・対象・実施時期の観点でより広範なものです。

1　措置の広範性

　企業買収におけるDDは、買収先企業の調査・評価を行うことを一般的に意味します。これに対し、人権DDは、企業活動の人権への実際のまたは潜在的な負の影響（人権リスク）に関して影響評価、影響の停止・予防・軽減、追跡調査、情報開示を行うプロセスであり、「人権リスクの内部統制」と評価できる広範な措置を含みます。

2　対象の広範性

　企業買収におけるDDの対象は買収先企業に限定されます。これに対し、人権DDの対象は、企業自体や子会社、さらにサプライチェーンなどの事業の影響が及ぶ取引関係を含みます。

3　時期の広範性

　企業買収におけるDDの実施時期は買収の前後に限定されます。これに対し、人権DDの実施時期は、事業活動を通じて継続的に実施する必要がある点で、より広範です。

4　目的の違い

　また、第1章第3の3で説明したとおり、企業買収におけるDDの目的は、企業の買収に伴う企業自身のリスクを管理することにあるのに対し、人権DDの目的は、企業活動のステークホルダーの人権への負の影響、すなわち、ステークホルダーにとってのリスクをまず管理することにある点でも違いがあります。

5　企業買収における人権の観点からDDの有益性

　企業買収におけるDDと人権DDはさまざまな観点で違いはありますが、企業買収の際に、買収先企業に人権に関する問題が存在しないか否かを調査・評価しておくことは、人権尊重が企業価値に直結している状況においては、企業自体のリスク（管理）の観点からも有益です。

　ただし、企業買収の際に調査・評価できる事項は限定されていることから、企業買収後の子会社としての統合の場面で、継続的な人権DDのプロセスに組み込むことが重要です。

Q2 人権DDの参照文書とステップ

人権DDは、いかなる文書を参照し、どのようなステップを通じて実施する必要があるのですか。

 A 指導原則のほか「責任ある企業行動のためのOECDデュー・ディリジェンス・ガイダンス」(以下「OECD・DDガイダンス」)[1] を参照しながら、DDおよびこれを支える手段である6つのステップに基づき、人権DDを実施することが、国際規範との整合性を確保する観点から重要です。

1 指導原則およびOECD・DDガイダンス双方の参照の有用性

　指導原則は人権DDに関する国際的な根拠文書であり、人権DDにあたっては、まず、指導原則の各原則やその解説を参照しながら、実施することが何より重要です。指導原則が要求する人権DDの要素や関連する原則は、第1章第3の2において説明したとおりです。

　しかしながら、指導原則のみでは、企業が具体的にどのような行動をとればよいかわかりにくい場合もあります。

　この点、OECD・DDガイダンスでは、指導原則やOECD多国籍企業行動指針をふまえて、DDの各プロセスにおける行動や論点を具体的に説明しており、参考となります。そのため、人権DDの実務を実践する観点からは、指導原則を補完するかたちで、OECD・DDガイダンスを参照することも有益です。本書も、指導原則およびOECD・DDガイダンス双方を参照しなが

1　和訳は、https://mneguidelines.oecd.org/OECD-Due-Diligence-Guidance-for-RBC-Japanese.pdfに掲載。

図表２−１−１　OECD・DDガイダンスにおける６つのステップ

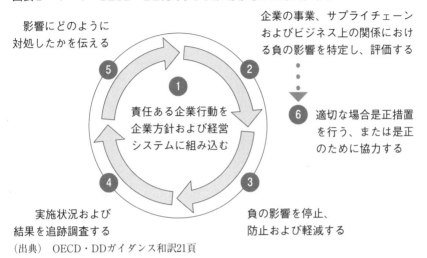

影響にどのように
対処したかを伝える

企業の事業、サプライチェーン
およびビジネス上の関係におけ
る負の影響を特定し、評価する

責任ある企業行動を
企業方針および経営
システムに組み込む

適切な場合是正措置
を行う、または是正
のために協力する

実施状況および
結果を追跡調査する

負の影響を停止、
防止および軽減する

（出典）　OECD・DDガイダンス和訳21頁

ら、解説を行っています。

２　OECD・DDガイダンスが提示する６つのステップ

　図表２−１−１のとおり、OECD・DDガイダンスは、DDおよびこれ支え
る手段を６つのステップ（①方針策定・体制整備、②影響の評価、③影響の停
止・防止・軽減、④追跡調査、⑤情報開示、⑥是正）に分類しており、このス
テップを意識しながら人権DDを実施することが重要です。

　なお、①方針策定・体制整備および⑥是正は、DDそのものではなく、DD
を支える手段として位置づけられていますが、人権DDと密接に関係するこ
とから一連の取組みとしてとらえられます。また、いずれのステップでもス
テークホルダー・エンゲージメント（対話）を実施することが重要です。

３　OECD・DDガイダンスと指導原則における人権DDの
要素の比較

　図表２−１−２のとおり、OECD・DDガイダンスにおける６つのステッ

図表2－1－2　OECD・DDガイダンスと指導原則の照合

指導原則		OECD・DDガイダンス
原則16　人権方針の策定		ステップ1：方針策定・体制整備
原則17　人権DD	原則18　影響評価	ステップ2：影響の評価
	原則19　影響評価の結果の組入れ	ステップ3：影響の停止・防止・軽減
	原則20　追跡調査	ステップ4：追跡調査
	原則21　情報開示	ステップ5：情報開示
原則22　是正（＋第3章救済へのアクセス）		ステップ6：是正

プは、第1章第3の2で説明した指導原則が要求する人権DDの要素に対応しています。

Q3 人権DDの各ステップで求められる行動

人権DDの実施の各ステップでは、具体的にどのような行動をとることが考えられますか。

指導原則およびOECD・DDガイダンスをふまえると、DDに関連する6つのステップ（①方針策定・体制整備、②影響の評価、③影響の停止・防止・軽減、④追跡調査、⑤情報開示、⑥是正）においては、以下の行動をとることが考えられます。

1 ステップ1 方針策定・体制整備

1.1 人権方針を策定する。

1.2 人権方針を企業の経営システムに組み込む。

1.3 人権に関する期待事項および企業方針をサプライヤーなど取引先とのエンゲージメントに組み込む。

人権DDの前提として、指導原則の原則16に規定される5つの要件（Q7参照）を満たすかたちで人権方針を策定する必要があります。そのうえで、人権方針を組み込んだ経営システムを確立する必要があります。さらに、人権に関する期待事項および企業方針を調達方針などにより明確化し、これをサプライヤー等取引先に対して共有していく必要があります。

2 ステップ2 影響の評価

2.1 企業の事業活動およびサプライチェーンなどの取引関係を対象に、

スコーピング（範囲確定作業）を実施し、重大なリスク領域を特定する。

2.2　重大なリスク領域を起点として、繰り返し、かつ徐々に掘り下げながら、詳細な評価を実施する。

2.3　特定された負の影響への企業のかかわり（引き起こす、助長する、直接結びついている）を評価する。

2.4　すべての実際のおよび潜在的な負の影響に直ちに対処できない場合には、人権への負の影響の深刻度に応じて優先順位を付けて対応する。

　企業の事業活動およびサプライチェーンなどの取引関係を含めて広範囲に、セクター・場所・製品・取引先のリスク情報を収集し、特に人権リスクが高い重大なリスク領域を特定するという、スコーピング（範囲確定作業）を実施します。

　この重大なリスク領域を起点として、繰り返し、かつ徐々に掘り下げながら、より詳細な評価を実施する必要があります。サプライチェーンなどにおいて重大なリスクが存在する場合には、サプライチェーン・マッピングを実施したうえで、直接の取引関係のない二次以下のサプライヤー等の調査・評価が必要になる場合もあります。また、重大なリスクが存在する領域では、ステークホルダー・エンゲージメント（対話）がよりいっそう重要になります。

　前掲図表１－５（企業と人権への負の影響の分類）のとおり、負の影響への企業のかかわりによって企業に求められる行動が異なることから、上記で特定された負の影響への企業のかかわりが「引き起こす」「助長する」「直接結びついている」のいずれなのかも評価する必要があります。

3 ステップ3 負の影響の停止・防止・軽減

3.1 人権への負の影響を実際に引き起こしたり助長したりしている活動を停止する。また、潜在的な負の影響を防止および軽減する目的に適った計画を策定し、実施する。

3.2 人権への負の影響が取引関係を通じて企業の事業・製品・サービスに直接結びついている場合には、サプライヤーなどの取引先に対してさまざまな方法で影響力を行使し、負の影響の停止・防止・軽減を働きかける。

人権への実際の負の影響を引き起こしたり助長したりしている場合には、そのような活動を停止します。潜在的な負の影響についても、これを防止・軽減する必要があります。

サプライヤーなどの取引先が引き起こしている人権への負の影響について、自社が助長しているとまではいえないものの、取引関係を通じて企業の事業・製品・サービスに結びついている場合には、当該取引先に対して負の影響の防止・軽減するようにさまざまな方法で影響力を行使することが求められます。取引先に対する影響力が足りない場合は、影響力を高める方法を模索することが重要です。影響力を行使しても状況が改善しない場合には、最後の手段として、取引の解消を検討します。

4 ステップ4 追跡調査

4.1 企業による人権DDの実施状況および有効性を、取引先を含め、追跡調査する。追跡調査により得られた教訓を、今後のDDのプロセスを改善するために利用する。

企業の人権DD、すなわち、人権への負の影響の特定、防止、軽減および適切な場合は是正措置の実施状況および有効性を、継続的に追跡調査することが必要です。追跡調査で特に重要なのは、特定された負の影響に対して有効に対応したか否かをさまざまな指標に基づき具体的に評価することです。追跡調査から得られた教訓を考慮し、人権DDのシステムを継続的に改善します。

5　ステップ5　情報開示

> 5.1　人権DDの方針、プロセスおよび負の影響を特定し対処するために行った活動について、適切な情報を、それらの活動から発見された調査結果や成果を含め、外部に伝える。

　企業のESG非財務情報開示の一環としても、適切な媒体・方法を通じて、人権DDのプロセスに関する情報をステークホルダーに開示し、フィードバックを受けることが重要です。

6　ステップ6　是正

> 6.1　企業が実際に負の影響を引き起こしたり助長したりしたことが判明した場合には、是正措置を行うまたは是正のために協力する。
> 6.2　影響を受けたステークホルダーが苦情を申し立てることができる実効性のあるグリーバンス（苦情処理）メカニズムを提供するまたはメカニズムに協力する。

　ステップ6の是正は、人権DDとは独立した要素として位置づけられています。
　企業が実際に負の影響を引き起こしたり助長したりしたことが判明した場

合には，是正措置を行うまたは是正のために協力することが求められます。サプライチェーンにおける人権への負の影響に関して、企業の事業・製品・サービスと直接に結びついている場合にも、取引先に対し影響力を行使し是正するように働きかけることが求められます。

このような是正を適切に行うことを可能し、ステークホルダーの救済へのアクセスを確保する観点から、企業には、指導原則の原則31の基準を満たす実効的なグリーバンスメカニズムを整備することが求められます。

| **Q4** | **人権DDと人権尊重責任の関係** |

企業は人権DDを行えば人権尊重責任を果たしたことになるのでしょうか。

| **A** | 企業が人権DDを実施していることは、企業が責任を問われた際に注意義務を適切に果たしていると防御するための助けとなりますが、企業が人権侵害を引き起こしたまたは助長した責任を直ちに免除するものではありません。人権DDの実施と並行して、適切な場合には是正・救済措置をとることやそれを可能とするためのグリーバンス（苦情処理）メカニズムを整備することも重要です。 |

1　指導原則の原則17の解説

　指導原則の解説では、人権DDをしかるべく実行すること、申立てをされるような人権侵害への関与を回避するためにしかるべき手段をすべて講じてきたことを示すことにより、企業が自社に対する訴訟リスクに対処する助けとなることを説明しています。

　ただし、そのようなDDを実施する企業は、それをもって、人権侵害を引き起こし、あるいは助長することに対する責任から自動的にそして完全に免れることと考えるべきではないとも注意喚起を行っています。

2　人権DDと並行したグリーバンスメカニズムの整備の重要性

　企業が人権尊重責任を果たしていることを説明するためには、人権DDの実施と並行して、影響を受けたステークホルダーが苦情を申し立てることができる実効性の高いグリーバンスメカニズムを提供または協力することによ

り、救済へのアクセスを確保し、速やかな是正・救済措置を可能にしておくことが重要です。

　グリーバンスメカニズムを整備してステークホルダーから苦情を受け付けることは、「早期警報システム」として人権への負の影響を評価することを容易にするため、人権DDを支えるものとも理解されています。

Q5 人権DDと国内法令遵守の関係

人権DDにおいて、各国の国内法令を遵守していることを確認できれば、人権尊重責任を果たしているといえるのでしょうか。

A 企業は、人権尊重責任を果たすために、どこで事業を行う場合でも、適用される国内法令を遵守することに加えて、「国際的に認められた人権」を尊重する必要があります。一部の国では法令やその執行によって国際的に認められた人権が適切に保護されていない場合があり、法令を遵守するだけでは国際人権を尊重したことにはならない可能性があります。

　世界各国で企業の潜在的な法的責任の範囲が拡大している状況をふまえると、企業が重大な人権侵害を引き起こすまたは助長することのリスクを法令遵守にかかわる問題として扱うことも重要です。

　なお、国内法令を遵守すると国際的に認められた人権を侵害してしまうような相反する要求に直面した場合には、企業は困難な対応を迫られますが、このような場合であっても、国際的に認められた人権の原則を尊重する方法を追求することが重要です。

1　国内法令遵守の上位に位置づけられる人権尊重責任

　企業の人権尊重責任の「基礎となる原則」として位置づけられる指導原則の原則11は、「企業は人権を尊重すべきである」と明示し、その解説において、「人権尊重責任は、事業を行う地域にかかわらず、すべての企業に期待されるグローバル行動基準である。その責任は、国家がその人権義務を果たす能力・意思からは独立してあるもので、国家の義務を軽減させるものではない。さらに、その責任は、人権を保護する国内法令の遵守を越えるもの

で、それらの上位にある」と説明しています。この説明により、人権尊重責任が、国内法令遵守の上位概念であることを明確にしています。

2　国際人権の尊重と国内法令の遵守の関係

上述した指導原則の原則11の記載をふまえて、原則23は国際人権の尊重と国内法令の遵守の関係を明確化しています。

原則23の(a)は、どこで事業を行うにしても、適用される国内法令をすべて遵守することに加えて、国際的に認められた人権を尊重すべきことを規定しています。一部の国では法令やその執行によって国際的に認められた人権が適切に保護されていない場合があります。このような場合であっても、国際人権を尊重することが重要となります。

また、原則23の(c)は、どこで事業を行うにしても、企業が重大な人権侵害を引き起こすまたは助長することのリスクを法令遵守にかかわる問題として扱うべきと説明しています。第1章でも説明したとおり、世界各国で企業の潜在的な法的責任の範囲が拡大している状況をふまえると、ある国で法令違反とならない場合でも、他の国で法的責任を負う可能性があることに留意する必要があります。

一方、原則23の(b)は、国内法令を遵守すると国際的に認められた人権を侵害してしまうような相反する要求に直面した場合における対応を説明しています。たとえば、企業が法令に基づき権威主義的政府に対し個人情報を提供することが個人のプライバシーを侵害する場合などがあげられます。このような場合、企業は非常に困難な対応を迫られますが、原則23の(b)は、企業に対し、可能な限り国際的に認められた人権の原則を尊重する方法を追求することを要請しています。

人権方針の策定とガバナンスへの組み込み

Q6 人権DDと企業経営・ガバナンスの関係

改訂コーポレートガバナンス・コードは、サステナビリティをめぐる課題への取組みが重要な経営課題であるとして、積極的に取り組むよう求めています。海外では人権DDが義務化されているそうですが、日本も同じでしょうか。

A 日本では、人権DDの実施や結果の開示を法律で義務づけているわけではありません（2022年12月現在）。また、2021年6月の改訂コーポレートガバナンス・コードは、コンプライ・オア・エクスプレインの枠組みで企業の自主的な取組みを促すものです。もっとも、企業には、日本政府が策定した「『ビジネスと人権』に関する行動計画」や人権尊重ガイドラインに基づき、人権DDの実施やその取組内容の開示を積極的に行っていくことが期待されているといえます。

1　サステナビリティをめぐる課題への対応

　2021年6月11日に改訂されたコーポレートガバナンス・コード（以下「改訂CGC」）は、サステナビリティをめぐる課題への取締役会の対応を規定しています。サステナビリティをめぐる課題は、リスクの減少のみならず収益機会にもつながる重要な経営課題であると認識し、中長期的な企業価値の向上の観点から、これらの課題に積極的・能動的に取り組むよう検討を深めるべきであるとしています（補充原則2－3①）。

　このような課題として、気候変動などの地球環境問題への配慮、従業員の

健康・労働環境への配慮や公正・適切な処遇のほか、人権の尊重が含まれることが明記されました。サステナビリティに関する取組みについては、基本的な方針を策定するとともに（補充原則4－2②）、取組内容を適切に開示すべきこと（補充原則3－1③）が明記されています。

2　改訂コーポレートガバナンス・コードでの位置づけ

改訂CGCは、人権DDの実施を法律で義務づけているフランスやドイツなどの海外法制と異なり、人権DDを義務づけているものではありません。そもそもCGCは、法令と異なり、企業に対し一定の行動をとることを義務づけるものではなく、コンプライ・オア・エクスプレイン（遵守するか、遵守していない場合には、その理由を説明する）のかたちで取組みを促すにすぎないからです。そのため、人権への取組みに関する基本的な方針の策定や取組内容の開示は、あくまでも企業の自主性に委ねられています。

ただし、補充原則2－3①について、プライム市場上場企業では95.8％、スタンダード市場上場企業では94％が遵守を公表していることから[2]、その公表内容に即した行動が求められます。

3　日本国内の動向と企業への期待

2020年10月に日本政府が策定した「『ビジネスと人権』に関する行動計画（2020－2025）」では、企業に期待される行動として、人権方針の策定、人権DDの実施、グリーバンス（苦情処理）メカニズムの構築を位置づけました。2022年9月には、日本政府から、「責任あるサプライチェーン等における人権尊重のためのガイドライン」が発表されています。

国の動きに伴い、上場企業では、人権方針の策定や人権DDの実施、グリーバンスメカニズムの構築が進んでいます。コーポレートガバナンス・コードは、規定される内容を遵守しているといえない場合には、その理由を

2　株式会社東京証券取引所「コーポレートガバナンス・コードへの対応状況（2022年7月14日時点）」（2022年8月）

説明することを企業に求めているため、サステナビリティをめぐる課題についても、積極的な取組みを進めることが合理的な企業行動ということができるでしょう。人権方針や人権方針に基づく人権DDプロセスの実施について、改訂CGCの補充原則に規定されるように、取組内容の開示を進めていくことが望ましいといえます。

Q7 人権方針の策定における留意点

企業は、どのような点に留意して、人権方針を策定することが考えられるのでしょうか。

 指導原則の原則16の5つの要素を満たしつつ、自社の経営理念と関連づけて、自社における特有の人権課題を考慮しながら、人権方針を策定することが重要です。

1 指導原則の原則16における5つの要素

指導原則の原則16は、人権方針の策定が企業の人権尊重責任を定着させるための基礎であると述べ、経営陣が責任を果たすとのコミットメントを表明するのが人権方針であると明示しています。

指導原則の原則16では、人権方針の5つの要素を以下のとおり説明しています。

① 企業の最上級レベルでの承認があること。

② 社内外から関連する専門家の助言を得ていること。

③ 社員や取引先その他のステークホルダーに対して、人権についての期待を明記していること。

④ 一般に公開されており、社内外に周知していること。

⑤ 全社的に定着させるため、必要な事業方針や手続に反映されていること。

2 人権方針の周知・定着の重要性

日本の企業では、取締役会において人権方針採択の決議を経たうえで、その旨も明記して人権方針をウェブサイト等で公表し、また、社内にも周知す

る方法がとられることが一般的です。「人権についての期待」は、人権方針のなかで、自社・グループ会社の社員が人権方針を遵守するよう求めるとともに、サプライヤーや取引先に対しても、人権方針の理解と遵守を期待することを明記します。このようにして、ステークホルダーとともに人権尊重の取組みを推進していく旨を規定することが通例です。

　そして、人権方針を全社的に定着させるため、既存の事業方針や社内のオペレーション・マニュアル等を人権の観点から見直し、ステークホルダーの人権への配慮を組み込むことが必要です。たとえば、業務委託マニュアルにおいて、業務委託先に対する納期の設定が短いために、業務委託先の社員の長時間労働につながっていないかを検討するといった視点を明記する等の対応です。

　さらには、リスク管理規程の「リスク一覧」に人権に関する課題を追加したり、内部監査部門や監査役等による監査計画に、人権リスクが顕在化した場合の企業損失のリスクの項目を追加したりすることも考えられます。このように、監査の観点から、人権リスクのマネジメントに関する項目を内部統制システムに組み込むことも、人権方針の5つの要素に記載されている「全社的な定着」のために必要です。

経営陣として、策定した人権方針に基づき、人権DDを実施するためには、どのようなガバナンス体制が考えられるのでしょうか。

A　サステナビリティ委員会や人権委員会等を設置し、取締役会に定期的に報告を求めるとともに、人権DDの結果を全社内部門とプロセスに組み入れることが求められます。

1　サステナビリティに関するガバナンス体制

　サステナビリティをめぐる課題のなかでも、ステークホルダーの人権に対する潜在的な負の影響（人権リスク）を重要な経営課題として対処するためには、ガバナンス体制を整える必要があります。

　OECD・DDガイダンスは、人権方針を策定したうえで、人権方針を企業の経営システムに組み込むことが必要であるとしています。

　そのために、まず、取締役会のもとにあるいは、社長など経営陣直轄の組織として、サステナビリティ委員会や人権委員会を設置したり、社外役員として人権・環境等のサステナビリティ課題に関する専門家を登用したりする等することが考えられます。いずれの場合であっても、取締役会は、設置した委員会に対し、議事内容を定期的に報告させます。これにより、取締役会が経営課題としてサステナビリティに対処することを確保できます。

2　全社内プロセスへの統合

　ガバナンス体制の整備は、組織づくりにとどまるものではありません。

　指導原則は、「人権DDの結果を関連する全社内部門とプロセスに組み入れる」ことを求め、効果的な組入れのためには、内部の意思決定、予算配分、

監査プロセスが必要であるとしています（指導原則の原則19）。これは、社内部門における日常的な業務遂行と決裁、経営会議における事業計画の策定や執行、取締役会における事業計画の承認、方針決定や取締役の職務執行状況の監督、さらにはリスクマネジメント等、会社の経営管理のすべてのプロセスで、人権リスクに対処することを意味しています。また、社内のダイバーシティ、エクイティ＆インクルージョンの既存の取組みに、新しい人権課題を統合するといった試みも必要になると思われます。

3　人権リスクに関する内部統制

日弁連人権DDガイダンスは、以上のような人権DDの全社内プロセスへの組入れを、「人権リスクに関する内部統制」と呼び、人権DDの趣旨は、「経営責任の有無の判断基準を提供することにある」と説明しています。

同ガイダンスでは、人権DDを社内プロセスに組み入れることを、取締役の善管注意義務（会社法330条、民法644条）、取締役会等による内部統制システムの整備・運用義務（会社法348条3項4号・4項、362条4項6号・5項）とも関連しうることを説明しています。

Q9 人権DDと取締役の責任の関係

人権リスクに関する内部統制について不備があった場合、どのような問題が発生しますか。人権侵害の発生について、取締役の責任が追及されることもあるのでしょうか。

A 人権リスクマネジメントが不十分であった場合、人権リスクが顕在化し、ステークホルダーの人権に対する負の影響（人権侵害）が実際に発生することにつながります。人権侵害の発生によって会社の企業価値を毀損し、会社に損害が発生した場合、人権侵害に対する自社の法的責任の有無にかかわらず、内部統制システムを構築していなかったこと、あるいは不十分であったことについて、取締役が善管注意義務違反を問われることがありえます。

1　具体例

　例をあげて考えてみたいと思います。A社は消費者向け製品を製造しており、B社は、A社の製品に不可欠な部品をサプライヤーとして製造し、A社は部品調達の75％をB社に依存しています。そのB社において、長時間労働による過労死という人権侵害が発生した場合を想定します。なお、A社には、B社に対する下請法違反の問題は生じていなかったとします。

　B社の労働者の遺族は、人権侵害の被害者として、使用者であるB社（企業は、その労働者に対し、使用者として安全配慮義務を負っています）に対する損害賠償請求を行いました。訴訟が提起されたことによって、サプライヤーであるB社における過酷な労働環境が明らかとなり、発注者であるA社に対しても、消費者から批判の声があがり、A社の売上げは大きく減少しました。

このように人権リスクの顕在化によってA社に損害が発生した場合、A社またはA社の株主は、A社の取締役に対し、善管注意義務違反を根拠に、損害賠償請求を行うことができるのかという問題です。

2　取締役の善管注意義務に関する一般論

取締役の業務執行に関する判断には、相当程度の裁量が認められており、合理的になされた経営判断については、善管注意義務違反の責任を問われません（経営判断の原則）。そこで、取締役に善管注意義務違反があったか否かについて、日本の裁判例では、取締役による事実認識の過程（情報収集とその分析・検討）における不注意な誤りに起因する不合理さがあったか、事実認識に基づき意思決定の推論過程と内容に著しい不合理さがあったかという観点での判断が行われます。

3　人権リスクに関する善管注意義務

本件では、人権DDが不十分であった結果、長時間労働による労働者の生命・身体の安全というリスクを十分に勘案しなかったことが問題です。B社で過労死という人権侵害が発生し、人権侵害の発生によってA社の企業価値も毀損して、売上げの減少というかたちでA社に損害が発生しました。A社の取締役の責任を追及する側は、B社と取引を行うこと、あるいは人権リスクを認識したか認識しうる状態になった後に、取引を継続するという意思決定（経営判断）過程の合理性をみることになります。取締役に善管注意義務違反があったか否かは、人権リスクについての情報収集とその分析・検討や、収集した事実に基づいて行った意思決定の過程がスクリーニングされることになるでしょう。

たとえば、A社によるB社に対する納期の設定が、B社における長時間労働を助長するような態様であったかといった事情や、B社における人材不足が常態化しており、長時間労働が発生することをA社が容易に認識しうる状態であったかといった事情を勘案することになると考えられます。

すなわち、Ａ社の取締役として通常払うべき注意がなされていたか否かを判断するにあたっては、人権リスクの内部統制が十分であったか、人権DDは適切に行われていたかといった要素が基準として働く可能性が十分にあるといえます。

4　EUコーポレート・サステナビリティ・DD指令案にみる取締役の責任

　人権リスクに関する取締役の責任については、欧州委員会が2022年2月に公表した「コーポレート・サステナビリティ・デューディリジェンス指令案」（EU指令案）も参考になります。EU指令案では、EU加盟国に対し、国内法制で以下を確保するよう求めています[3]。

①　取締役が、会社の最善の利益のために行動するにあたり、人権、気候変動および環境を含むサステナビリティに関する短期および中長期の意思決定の結果を考慮すること。

②　上記のサステナビリティを考慮する取締役の注意義務に関する規定が、取締役の注意義務の違反に関する規定にも適用されること。

③　取締役が、指令に基づくDDを導入・監督し、取締役会に報告すること。

④　取締役が、指令に基づくDDにより特定された、実際のまたは潜在的な負の影響を考慮して企業戦略を調整すること。

　すなわち、ＥＵ指令案では、取締役は、人権、気候変動および環境を含むサステナビリティを考慮する義務を負い、この義務に違反した場合には、取締役として会社に対して負っている注意義務の違反とされる可能性があることが規定されています。また、人権、気候変動および環境についてDDを行い、その結果を取締役会に報告することや、DDの結果、特定された、人権、気候変動および環境への負の影響を考慮して企業戦略を策定することも取締役の義務とされているのです。

3　EU Directive Paras. (63) and (64).

第3 人権リスクの特定・評価

Q10 人権リスクの特定・評価における留意点

人権の観点から、マテリアリティを特定する必要があると聞いています。サプライヤーの工場の労働条件悪化により、ストライキが起きる可能性が高まっています。もしストライキが起きると部品の供給が止まってしまい、当社の事業に影響を与えます。このように、当社の経営にリスクがある問題を洗い出せばよいでしょうか。

いいえ、人権リスクを考えることは、貴社の事業に対する影響や経営リスクを考えることとは異なります。ステークホルダーの人権に対する潜在的な負の影響を特定し、評価することが必要です。この例では、ステークホルダーとはサプライチェーン上の労働者です。

1 人権リスクの特定

人権リスクとは、「自社の社員、サプライチェーン上の労働者、地域コミュニティの住民や一般消費者等のステークホルダーの人権に与える潜在的な負の影響」を指しています。冒頭の例では、サプライチェーン上の労働者が貴社にとってのステークホルダーであり、労働条件悪化によって、たとえば、長時間労働によって過労死・過労自殺が発生する、労働安全衛生が守られず、労災事故が発生する、最低賃金を下回る賃金によって生活が困難となる労働者が続出する、職場のハラスメントによってメンタルヘルス不調が生じるといった可能性が、人権リスクに該当します。

このように、貴社が優先すべき人権リスクについて、重要課題（マテリア

リティ）として特定することは、どのようなステークホルダーがいるのか、その人たちに生じうる人権上の課題は何かをまず検討することを意味します。詳しくは、スコーピング（範囲確定作業）の項（Q12）を参照してください。

2　人権リスクの評価

国際標準化規格（ISO/IEC）において、リスクアセスメントという場合、リスクの影響の大きさをX軸に、発生可能性をY軸として評価します。他方、人権リスクは、人権に対する影響の深刻度をX軸に、発生可能性をY軸として評価します。深刻度は、影響の規模、影響を受ける人数や範囲、是正可能性という要素を勘案します。

人権リスクについては、発生可能性が小さい問題であっても、人権に対する影響が深刻である場合（深刻度が大きい場合）には、リスクが高いと評価します。つまり、発生可能性は、人権リスクを上げる方向には働きますが下げる方向には働きません。

3　人権リスク顕在化が経営に与える影響

人権リスクが顕在化した場合（たとえばサプライヤーの工場で事故が発生した場合）、サプライヤーのみならず、貴社にも法的責任、財務的なコストや、レピュテーション低下等の損害が生じる場合がありえます。このことは、人権リスクが顕在化したことの影響・結果として、貴社の経営にもリスクが生じうることを示唆しています。

しかし、あくまでも、ステークホルダーの人権への負の影響（人権リスク）を検討することが、人権における重要課題（マテリアリティ）の特定の出発点です。

人権リスクと企業とのつながりの考慮

人権リスク特定・評価の特殊性は理解できました。ただ、当社が優先的に取り組む分野を判断するにあたっては、人権リスクが当社の事業とどのようにつながっているのかを分析せざるをえないと思っています。優先順位を判断するうえで、何か注意点はあるでしょうか。

A 人権リスクに対処する優先順位を判断するうえで、人権リスクの企業とのつながりを考慮することはできます。ただし、負の影響を受けうるステークホルダーと協議して、優先順位に関する判断を誤らないようにすることが求められます。

1 企業とのつながりの考慮

人権リスクについての基本的な考え方は、Q10を参照してください。優先的に取り組む人権リスクは、人権に対する影響の深刻度と発生可能性で評価します。

次に、評価した人権リスクを企業の行動に結びつける、すなわち人権リスクに対して、優先的に対処すべきかどうかを判断するためには、企業とのつながりをふまえざるをえません。企業とのつながりとは、人権リスクは自社のみが寄与しているのか、他社も関与しているのか、あるいは、直接的な関与があるのか、間接的な関与にすぎないのかといった観点です。

このように企業とのつながりを考慮するのは、企業経営においては、経営資源をどのように配分するかには経営陣の一定の裁量が認められており、人権リスクに対処するうえでも、自社の関与度合いの観点を入れざるをえないからです。

図表2－3－1　人権の弧

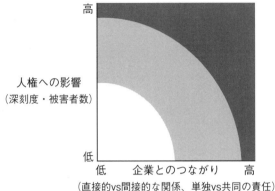

（出典）　The Arc of Human Rights Priorities: A New Model for Managing Business Risk（2009）p.6.

2 「人権の弧」

　デンマーク人権研究所の「人権の弧」（図表2－3－1）は、Y軸に深刻度等をふまえた人権への影響度、X軸に企業とのつながりをプロットすることによって、優先すべき人権課題を判断するためのツールとなっています。このような考え方では、人権への影響が低い場合にも、自社とのつながりが強ければ、優先して対処することになります。

3 優先順位の判断における注意点

　優先順位を判断するうえでの注意点は、人権リスクの特定の際と同様、企業にとってのステークホルダー（たとえば人権NGOや労働者代表、労働組合等）と協議することが求められることです。これは、人権に対する影響度や企業とのつながりを企業だけで判断すると、影響を受けている被害者の声を過小評価したり、そもそも潜在的な被害者の存在に気づかなかったりすることがありうるためです。

Q12 人権リスクの特定・評価のステップ

自社の事業やサプライチェーンなど取引関係においてさまざまな人権課題が存在するなかで、どのようにすれば効果的・効率的に人権リスクを特定・評価することができるでしょうか。

 まず、スコーピング（範囲確定作業）として、自社の事業やサプライチェーンなど取引関係において重大な人権リスクの領域を特定することが重要です。そのうえで、重大な人権リスク領域を出発点として、徐々に詳細な調査を行い、人権リスクを評価することで、リスクベースの効率的・効果的な人権DDが可能となります。

1　スコーピングの実施（範囲確定作業）

　人権リスクの特定・評価にあたっては、まず、自社の事業活動やサプライチェーンなどの取引関係において、重大な人権リスクが存在する可能性のあるセクター、国・地域、製品・サービス、サプライヤー等の企業を特定する、スコーピングの実施が必要です。

　このことにより、自社の事業やサプライチェーンなど取引関係においてさまざまな人権課題が存在するなかでも、より詳細な調査や対応を行う必要がある分野を特定することができ、リスクベースの効果的・効率的な人権DDの実施が可能となります。

　OECD・DDガイダンスにおいても、ステップ2負の影響の特定・評価にあたって、最初に行う2.1としてスコーピングの実施を規定しています。

　いかなるセクター、国・地域、製品・サービスおよび取引先で人権リスクが高いかを特定するにあたっては、政府・NGOなどさまざまな主体が発行するレポート・データを活用したり、自社の事業部門・子会社・サプライ

ヤー等に対してアンケート調査等を実施したりすることが有用です。

特に、国・地域ごとの人権リスクを調査するにあたっては、たとえば、各国の人権状況を審査する国連人権理事会のUPR（普遍的・定期的レビュー）の報告書、各国のILO条約適用状況を評価するILO条約勧告適用専門家委員会の報告書が参考になります。また、米国政府が発表する人権報告書や人身取引報告書も有益な情報源です。

セクターや製品の人権リスクに関しては、OECDが、農業、衣類・履物、鉱物、採掘、金融などのセクター別のDDガイダンスにおいて、各セクター・製品におけるリスク要因やその対処方法を説明しています[4]。

2 重大なリスク領域における詳細な調査

スコーピングにより特定した重大な人権リスク領域を出発点として、徐々に詳細な調査を行い、人権リスクを評価することが重要です。OECD・DDガイダンスにおいても、ステップ2負の影響の特定・評価にあたって、2.1スコーピングの実施の後に、2.2重大なリスク領域における詳細な調査を規定しています。

自社およびサプライヤーの工場において重大な人権リスクが存在する可能性がある場合は、サプライヤーへのアンケートに加えて、現地監査を行うことが必要かもしれません（サプライチェーン監査については、第4のQ14参照）。

また、サプライチェーンの上流に重大な人権リスクが存在する可能性がある場合には、サプライチェーン・マッピングを行い、二次以下のサプライチェーンを調査することが必要になるかもしれません（二次以下のサプライチェーンの調査については、第4のQ15参照）。

さらに、重大なリスク領域において、影響を受けているまたは受ける可能性のあるステークホルダーとのエンゲージメント（対話）が特に重要となります（ステークホルダー・エンゲージメントについては、第6参照）。

4　https://mneguidelines.oecd.org/duediligence/　なお、衣類・履物セクターについては、経済産業省が日本語仮訳を公表している。

サプライチェーンにおける人権リスクの調査

> ### Q13 人権方針のサプライヤー等に対する実施方法
>
> サプライヤーなどの取引先に対して、どのように自社の人権方針を周知して、実施の協力を求めることができますか。

> **A** 自社の人権方針に沿って、サプライヤーなどの取引先向けの調達方針を策定し、サプライヤーに交付すること、自社の人権方針の文言を取引基本契約書などの契約条項に組み込むこと、サプライヤー向けのハンドブックを作成したり、サプライヤーに対する研修を提供したりすること等が考えられます。

　まずは、人権方針の策定と同時に、サプライヤーなどの取引先向けに調達方針を策定することが基本です。

　また、自社の人権方針は、自社・グループ会社の社員に対してのみならず、サプライヤー等の取引先に対しても期待する事項を記載しています。このように人権方針に記載している事項を遵守するよう、サプライヤーとの取引基本契約書に遵守義務の規定として入れることが考えられます[5]。具体的には、「サプライヤーは、（取引基本契約書に定められる）業務の遂行にあたり、適用される法令の定めおよび発注者の人権方針を遵守する」と規定することです。さらに、遵守状況について発注者による調査が可能となるよう、調査にはサプライヤーが協力しなければならないとする条項を入れることも考えられます。詳細はQ15をご参照ください。

5　大村恵実「取引契約書における人権ポリシー遵守規定の定め方と運用方法」ビジネス法務2021年5月号104頁。

当社では、サプライヤーに対して年1回、SAQを交付して回答をもらっています。人権DDの責任を果たしていると自負していますが、ほかにすべきことはあるのでしょうか。

A 　自己評価アンケート（Self-Assessment Questionnaire；SAQ）をサプライヤーに交付し、回答を得ることは、人権DDの手法の1つといえるでしょう。もっとも、SAQの交付がすべてではありません。サプライヤーのリスト化（サプライチェーン・マッピング）によってサプライヤーを把握することから始め、人権リスクの高いサプライヤーについては監査の頻度をあげるなどして対応することが考えられます。自社製品において当該サプライヤーへの依存度等、自社とのつながりが強いサプライヤーについては、このような監査が比較的容易といえます。

1　サプライチェーン監査の例

　サプライチェーン監査が、これまで行われてきた労務監査や労働安全衛生監査と何が違うのか、疑問に思われるかもしれません。従前の労務監査等との違いは、自社を対象とするだけでなく、サプライチェーンも対象としていること、また、ステークホルダーであるサプライチェーン上の労働者からヒアリングを行ったりする等の手法に違いがあることがあげられます。

　個別のサプライヤーの具体的なリスクを把握することを目的として、サプライチェーン監査を行うには、具体的な労働問題に関する当該サプライヤーの歴史、立場、現状についての情報を収集することが有益とされています。「国際労働基準と持続可能性に配慮した調達ハンドブック」（2019年）[6]には、

サプライヤー監査を行うにあたっての具体的な質問事項の例が載っていますので、ご参照ください。

　サプライチェーン監査の例として、味の素グループのサステナビリティデータブックでは、「サプライヤーCSR監査」が紹介されています[7]。また、花王では、2021年8月から、「調達に関わるサプライチェーンESG推進ガイドライン」を策定し、第三者機関による監査を始めています[8]。

2　ステークホルダー・エンゲージメント（対話）

　人権DDの一環としてサプライチェーン監査を行うだけでなく、サプライヤーの経営者、労働者や地域住民を含むステークホルダーと対話・協議することも、企業が人権尊重責任を果たすうえで重要な要素です。そのほか、労働組合やNGO、使用者側・労働者側双方の弁護士等の専門家と対話・協議することも、労使関係に関する情報や知見を得る機会となります。

　ステークホルダーとの継続的な対話・協議の場を設けることによって、人権侵害のリスクをいち早く把握し、予防・軽減の措置をとったり、また人権侵害が顕在化した場合には、被害者の声に耳を傾け、適切な是正措置をとったりすることにつながります。

　1で述べたような監査には限界があり、必ずしもすべての人権リスクを把握することができるとは限りません。そのため、ステークホルダー・エンゲージメントやグリーバンスメカニズム（Q29をご参照ください）を通じて、人権リスクに対処することが重要です。

6　「国際労働基準と持続可能性に配慮した調達ハンドブック―東京2020オリンピック・パラリンピック競技大会を契機とするディーセント・ワークの実現に向けて」（国際労働機関ウェブサイト）41-43頁。

7　「味の素サステナビリティデータブック2021」（味の素ウェブサイト）9-10頁。

8　『調達に関わるサプライチェーンESG推進ガイドライン』を策定　取引先に対し、第三者監査を実施」（花王ウェブサイト）2021年8月24日付リリース

Q 15　二次以下のサプライヤーの調査

取引先のサプライヤーに対して、遵守すべき労働条件、人権への配慮について、調達方針を策定し、交付しています。二次以下のサプライヤーについては、どう対応したらよいでしょうか。指導原則はどこまでの対応を求めているのでしょうか。

A　一次サプライヤーとの取引基本契約書において、一次サプライヤーに対し、調達方針の遵守を求めるとともに、二次サプライヤー以下にも同じあるいは同等の契約上の義務を負わせるよう確保することが考えられます。また、サプライチェーンに重大な人権リスクが存在する場合には、直接の取引関係のない二次以下のサプライヤー等の調査・評価が必要になる場合もあります。

1　取引基本契約書における規定方法

　自社（発注者）において調達基準、人権方針や行動規範を策定し、取引先との取引基本契約書において、これらの調達基準等の遵守を求める規定を設けることは一般的に行われています。また、調達基準等の規定をサプライヤー等の取引先に遵守させる方法として、発注者の調査権と、取引先による調査に対する協力義務を規定することもあるでしょう。

　調達のサプライヤーは、複数の階層に及んでいます。二次以下のサプライヤーに自社の調達基準等の規定を及ぼすためには、一次サプライヤーとの取引基本契約書の規定の仕方がポイントです。たとえば、二次以下のサプライヤーが発注者の調達基準等あるいは同等の基準を遵守することを、一次サプライヤーが確保する義務を規定することが考えられます。

　このように、サプライヤーの階層ごとに、同じあるいは同等の契約上の義

務を順次反映させていくことを、OECD・DDガイダンスでは、「フローダウ
ン条項の組入れ」と呼んでいます。

2 二次以下のサプライヤー等の調査・評価が必要となる場合

指導原則は、サプライヤー等が多数存在し、それらすべてにわたって人権
DDを行うことが「不当に難しくなる」場合について、「関係する供給先また
は受給先企業の事業状況、特定の事業活動、関連製品やサービス、または他
の関連する考慮事項」をふまえて、「人権への負の影響のリスクが最も大き
くなる分野を特定し、人権デュー・ディリジェンスのためにこれらを優先的
に取り上げるべき」としています（指導原則の原則17の解説）。

自社から離れたサプライヤーほど人権リスクが高い場合もあります。サプ
ライチェーン・マッピングを実施したうえで、重大なリスクが存在する場合
には、直接の取引関係のない二次以下のサプライヤー等の調査・評価をすべ
きことになります。

3 コントロール・ポイントに対する調査

サプライヤーなどの取引先のうち、自社からみてサプライチェーンの末端
に向けて作用する影響力が最も大きいポイントとなるサプライヤーを、コン
トロール・ポイントと呼びます。コントロール・ポイントは、製造、加工・
流通過程に関する情報が集まり、流通する製品の加工の大半を担うなどの役
割を果たしています。

二次以下のサプライヤーがいる場合には、サプライチェーンで重要な役割
を果たしているコントロール・ポイントに対する調査を行うことが有益で
す。OECD・DDガイダンスは、「コントロール・ポイント企業がガイダンス
に沿ってDDを実施しているか否かが判断できれば、サプライヤーに直接結
びついている負の影響のリスクが特定され、防止、軽減されているという安

9　OECD・DDガイダンス69頁。

心が得られる」として、コントロール・ポイントに対する人権DDの重要性を説明しています[9]。

Q16 人権リスクと企業とのつながりの分類と対応の違い

取引先には、人権に関する課題が発覚しました。取引先による人権への負の影響を当社が「助長する」場合と、製品・サービスを通じて「直接結びつく」場合で求められる対応が異なると聞きましたが、どのように異なるでしょうか。

A 人権リスクと企業とのつながりには、企業が「引き起こす」「助長する」、取引関係によって事業、製品またはサービスと「直接結びつく」類型があります。自社が人権への負の影響を「引き起こし」た場合には、実際の影響を是正し、潜在的な影響を防止・軽減することが求められます。また、「助長」した場合には、助長を停止または防止すること、残された影響を最大限軽減するために影響力を行使することが求められます。これに対し、「直接結びつく」場合には、負の影響の原因となる企業に対して、取引関係の影響力を行使して（たとえば取引条件の見直しのための交渉をすることや、契約条項に基づく調査の実施等）、負の影響を防止・軽減するよう働きかけることが求められます。

1 企業とのつながりによる分類

　人権リスクが企業とつながる度合いによって、引き起こす、助長する、直接結びつく場合に分類するのは、それによって企業の対応の仕方が異なるためです。

　助長するとは、企業の活動が他の企業の活動とあわさって影響を及ぼす場

合を意味し、当該企業が別の企業による負の影響のきっかけとなった程度
や、負の影響を知りえたか知りうべきであった（予見可能性）の程度、企業
の活動が負の影響を軽減した程度等を勘案します。これに対して直接結びつ
くとは、たとえば児童労働によって採取された原材料を自社製品に利用して
いる場合や、人種差別的AI技術（肌の色でセキュリティ高リスクと判断する等）
を用いたセキュリティサービスを自社で使用している場合のように、自社が
負の影響（ここでは児童労働や人種差別）を引き起こしたり助長したりしてい
るといえない場合であっても、自社の製品やサービスとは直接の結びつきが
存在している場合を指しています。

2　対処方法の違い

　企業が人権リスクを助長した場合には、自社の関与を停止し、負の影響を
防止すること、また、ともに影響を与えている他の企業への働きかけによっ
て、影響力を行使することになります。たとえば、サプライヤーで長時間労
働が発生している場合には、サプライヤーに対する納期の設定を見直した
り、発生原因をサプライヤーと協働して調査したりする等の取組みがこれに
該当します。

　直接結びついている場合には、たとえば上記の例でいえば、セキュリティ
サービスの採用にあたり、人種差別的な設計になっていないことを確認した
うえで、サービス契約を更新する等、取引関係を通じて影響力を行使するこ
とが考えられます。

3　類型の限界

　上記例で、仮にセキュリティサービスをそのまま採用した場合、人種差別
的なサービスを選択し、その存続を市場原理のなかで認めているという意味
においては、差別という人権侵害を「助長」していると解釈することもでき
ます。このように、実際には、「助長」しているのか、「直接結びつく」のか
を区別することは困難な場合も多く、助長と結びつきの間は連続していると

もいえます。

　そこで、企業は、「直接結びつく類型であることから、対応はここまででよい」という考え方ではなく、人権侵害を助長している可能性もふまえて、負の影響の防止・軽減を図るため積極的な対応が求められます。

<table>
<tr><td>**Q 17**</td><td>**影響力の行使と取引関係の解消の要否**</td></tr>
</table>

取引先には、当社の人権ポリシーを尊重していただくよう、調達方針に規定し、監査も受け入れてもらっています。監査の結果、取引先で実際に人権に関する課題が発覚したとき、当社はどうしたらよいのでしょうか。取引基本契約を解除する必要があるでしょうか。

A 取引先と協議しながら、是正・改善措置について期限を定めて求めたり、取引先に対し研修の機会を提供したりする支援をするなど、取引先が人権課題を改善するように影響力を行使する必要があります。指導原則は、取引関係の解消を必ずしも求めておらず、最終手段として規定しています。取引関係を解消する場合には、適切な手順をふまえることが必要です。

1 取引先に人権課題が発覚した場合の対応

　自己評価アンケートの交付やサプライチェーン監査によって、たとえば長時間労働を含む労働安全衛生の課題等、重要な人権課題について、サプライヤーに改善すべき点が認められる場合には、自社の発注する納期に問題がないかを検討したり、当該サプライヤーに人材配置の改善を求めたりすることが考えられます。

　人権DDのプロセスは、取引相手を含むステークホルダーとの対話が重視されています。そこで、人権DDの一環であるサプライヤー監査において問題が発覚した場合には、自社として、取引先の何を問題と考えているのか、取引先に対して尊重を求めた自社の人権方針のどの条項に違反していると考えているのかを明確にして、対話（協議）の場を設けることが望ましいと思います。そのうえで、どのような改善方法があるかをともに検討し、取引先

に対して是正・改善措置を求めていくことになるでしょう。

　その具体的方法としては、特定した人権課題による負の影響を防止または軽減するための是正措置に関する計画書を、合理的にそして明示的に設定された期限内に策定・提出してもらうといった取組みが考えられます。また、指標を設定し、その指標を達成するような改善がみられた場合には、発注量を増加させる等の取引上のインセンティブを与えることによって、自社の取引先に対する働きかけの力を強化することもありうるでしょう。あるいは、サプライヤー等に対し、研修、設備の改善や経営システムの強化等に関して、自社が支援するといったことも考えられます[10]。

2　取引を停止する場合

　指導原則は、最終的には取引を停止する選択肢を提示しつつも、取引基本契約を当然に解除することを求めているわけではありません。むしろ、取引関係を終了することによって人権への負の影響が出る可能性も考慮するとしています[11]。これは、解除によって取引関係を終了しても、人権侵害を是正することには必ずしもつながらないからです。

　取引関係を解消する場合に責任ある対応をするための手順について、OECD・DDガイダンスは以下のとおり指摘しています[12]。

① 　国際労働基準、国内法、労働協約の遵守。

② 　取引停止手順について、事前に取引先との間で明確化。

③ 　取引停止決定の根拠資料を、経営陣および労働組合に提供。

④ 　可能であれば、取引停止に十分な予告期間を設ける。

　なお、紛争影響地域における責任ある撤退については、Q58をご参照ください。

10　OECD・DDガイダンス3.2項（30-31頁）。
11　指導原則の原則19および解説。
12　OECD・DDガイダンスQ39（80-81頁）。

第6 ステークホルダー・エンゲージメント（対話）

Q18 **ステークホルダーの範囲・意義**

ステークホルダーとはだれのことを指すのでしょうか。また、なぜ、人権DDにおいて、ステークホルダー・エンゲージメント（対話）が重要なのでしょうか。

A ステークホルダーとは、事業活動によって実際のまたは潜在的な負の影響を受けている個人や集団を指します。具体的には、個別の労働者はもちろんのこと、労働者の声を代表する労働組合、地域社会、子ども、NGOなど市民団体、先住民族、人権擁護者、消費者など多岐にわたります。人権DDが人権リスクを対象とすることから、人権の主体であるステークホルダーの関与が非常に重要です。

指導原則は、企業が「人権リスク」に取り組むことを求めています。「人権リスク」は、事業活動が個人・集団の人権に対して与える実際のまたは潜在的な負の影響を指し、企業経営のリスクの有無を中心とする「経営リスク」とは異なります。したがって、企業の人権DDの取組みは、当事者であるライツホルダー（人権主体）の声を十分に反映する必要があります。そのためのアプローチとして、人権DDを実施する際には「ステークホルダー・エンゲージメント」を継続的に実施することの重要性は指導原則でも強調されています（指導原則の原則18、20、21、31参照）。

人権DDでは、人権リスクを特定、評価するうえで当事者の声を最優先にする必要があるのはもちろん、特定した人権リスクへの取組みを検討する際も、当事者の声が十分に反映されるように、すべてのプロセスにステークホ

ルダーを巻き込むことが重要です。そのためには、人権DDのために事業活動のサプライチェーンを確認する際に、各サプライチェーンでステークホルダーはだれなのか、丁寧にみることが意義ある人権DDのために必要です。

特に、社会構造上、「脆弱な」立場に置かれやすいステークホルダーが直面する人権リスクの状況を把握することが大切です。「だれの」「どんな人権」が侵害されやすいか、その背景には、法律の欠如、社会的・文化的・歴史的経緯や外部状況の変化といった複合的な要因がかかわります。人権リスクを把握するプロセスは、各分野の専門家の知見を活用しながら、経営者が率先して取り組むことが鍵となります。たとえば、外国人、女性、セクシャルマイノリティ、子ども、障がい者などは社会における複合的な要因により脆弱性が高くなる傾向があります。したがって、ステークホルダーとして認識する際には、この点に留意することが必要です。また、たとえば、紛争や感染症拡大といった状況に応じて、脆弱性は変化することもあります。社会の状況が脆弱な立場に置かれやすい人々に対してどのように影響を及ぼすか、十分に考慮して人権リスクを評価します。

ステークホルダーとの対話の一義的な目的は、ステークホルダーの直面する人権リスクを特定し、予防、軽減、救済するために理解を深めることにあります。結果として、サプライチェーンにかかわるステークホルダーの人権に取り組むことは、企業価値の向上という効果ももたらします。

ステークホルダー・エンゲージメントとはどのような活動を指すので
しょうか。どのようにステークホルダーにアプローチしたらよいでしょ
うか。

 ステークホルダー・エンゲージメントとは、企業とステークホ
ルダーの間の対話による持続的なプロセスのことをいいます。
社内外のステークホルダーに、自社の事業活動に関する人権リスクにつ
いて話を聞いてみることから始めてみましょう。

現在でも、使用者と労働者との間の労使対話や、サプライヤーに対する説
明会、また、地域住民との話合いなど、企業は、さまざまなかたちでステー
クホルダー・エンゲージメントを実施しています。人権DDにおけるステー
クホルダー・エンゲージメントも、このようなすでに実施している活動を基
盤としつつ、それをさらにサプライチェーン全体に広げること、また、負の
影響を受けるステークホルダーに企業自らがアプローチすることが特に必要
となります。1社のみあるいは事業にかかわる複数の企業が共同でアプロー
チすることも考えられます。何か標準化された方法があるわけではありませ
んが、表面的・形式的なものにならないように、企業がステークホルダーの
関心や懸念をよく傾聴し、理解し、対応することを可能にするものであるこ
とが重要です。

たとえば、社内であれば、労働者の声を代表する労働組合や労働者代表と
エンゲージメントを行うことで、従業員らの懸念を聞くことができ、今後の
人権の取組みに活かすことができます。あるいは、新しい工場を建てる際
に、付近の住民と工場建設に伴う移転や化学物質等の生活への影響について
話合いを行うことが考えられます。また、自社の製品の広告・宣伝がたとえ

ば子どもに与える影響について、子ども自身や子どもの権利擁護に取り組む
NGOと意見交換をもつ機会も有用です。鉱物採掘に際して、その鉱物資源
に伴う人権リスクに関して土地の先住民族から話を聞くことは非常に重要で
すし、国際機関に意見を求めることもできるでしょう。

　ステークホルダーとのエンゲージメントは、事業活動に伴う人権リスクを
理解し、実効性のある取組みを進めるために、さまざまな場面で実施するこ
とができます。

Q20	人権DDにおけるステークホルダー・エンゲージメントの活用方法

ステークホルダー・エンゲージメントは人権DDのプロセスでどのように活用できるのでしょうか。

 ステークホルダー・エンゲージメントは、人権DDの実効性を高めるために、人権DDにおける人権リスクの特定、それに基づく、予防、軽減、そして是正のいずれの場面でも活用することができます。

1　人権リスクの特定

　たとえば、ドイツのグローバル・コンパクト・ネットワークは、「人権DDにおけるステークホルダー・エンゲージメントの企業向けガイダンス」[13]で、人権DDにおけるステークホルダー・エンゲージエントの意義について、次のような観点を紹介しています。

　人権DDでは、まず、影響を受けるステークホルダーの特定とマッピングが必要となります。その際に、重要なグループが見過ごされることがないように、NGOなどを含む専門家に相談することが大切です。多くのステークホルダーが関与する場合には、そのエンゲージメントの優先順位も、人権リスクに対する取組みの優先度と同様に人権リスクの深刻度に沿って考えます。そのうえで、企業は、ステークホルダー・エンゲージメントで得られた結果を、関連部署で横断的に施策に反映させて、人権への取組みとして統合します。

13　"Stakeholder Engagement in Human Rights Due Dilivence - A Business Guide"
https://www.globalcompact.de/migrated_files/wAssets/docs/Menschenrechte/
stakeholder_engagement_in_humanrights_due_diligence.pdf

ステークホルダーに対する企業による積極的な関与は、紛争の回避や解決、社会的事業許可の確立や維持、プロジェクトの遅延や中断の防止といった、事業上のリスク管理にも役立ちます。ステークホルダーからの直接的な情報提供を通じて、事業活動の人権への潜在的な負の影響に関する情報の質と正確さを向上させることもできます。

2　人権リスクの救済・是正

　また、ステークホルダーの意見は、企業の視点だけでは必ずしも気がつかないかもしれない、人権への影響に対処するための創造的な解決策を提供し、人権を支援する新しい機会も提供する可能性もあります。これは、人権DDを通じた「救済・是正」への具体的なアクションにつながります。そして、ステークホルダーが参加することは、企業の人権DDに対する正当性と信頼性を高め、問題解決のための新たな道を開き、企業内の人権リスクの取組みに関するキャパシティを向上させることもできます。

3　企業の取組みの相談相手

　ステークホルダーとの信頼を築くことによって、企業の人権DDについて、そのアプローチが目的に適ったものであるか、あるいは、どの影響に最初に取り組むかといったむずかしい決断に際して、ステークホルダーが相談相手になる、あるいは、より専門性のあるステークホルダーの紹介を受けるといったコレクティブな人権DDの実践も可能となります。

　ステークホルダーとのエンゲージメントは、ステークホルダーにとっても、特定のビジネス課題をよりよく理解し、企業が人権に対して与えうるポジティブな影響について、理解を深める機会ともなるのです。場合によっては、エンゲージメントによって、ステークホルダーが企業の行動を支持し、必要であれば人権リスクが顕在化した際に、救済・是正に向けて企業の行動について具体的な助言を提供することもできるかもしれません。

　ステークホルダーは、社外の存在として、企業にとって耳の痛いことをい

うかもしれませんが、だからこそ企業はステークホルダーのいうことに耳を
傾けることにより、自社にとっての人権リスクに対する取組みを進めること
ができます。

Q21 ステークホルダー・エンゲージメント実施上の留意点

ステークホルダー・エンゲージメントの際には、どのような点に留意することが必要でしょうか。

 企業と多くのステークホルダーとの間には、圧倒的な力の不均衡があることを念頭に置き、ステークホルダーが自らの意見をいいやすい環境をつくり、対話に基づき人権リスクに対する理解を深めることが大切です。

1 エンゲージメントにおける情報開示の重要性

企業活動とステークホルダーとの間のパワーバランスに留意したうえで、自社の事業活動について透明性のあるわかりやすい説明や情報開示をすることが必要です。自社の人権方針やサステナビリティ方針等の開示はもちろん、事業活動にどのような人権リスクがあるか、社内で検討した結果について、ステークホルダーに説明したうえで、エンゲージメントに臨むことが期待されます。

企業側にも、たとえば、人権DDに関する規範である国際人権基準の内容や、何が問題とされているかなどについて十分な知識を有していることが求められます。特にステークホルダーのなかでも、脆弱な立場に置かれやすい人々が直面しうる人権リスクについて、外部の専門家の知見や関連する国際機関・NGOの報告書などを参考にしながら、理解を深めることが重要です。

2 「聞く」こと

エンゲージメントは「対話」に基づくことから、一方的な話合いにならないように、また、自社の事業活動に関連する人権リスクについて十分な情報

を収集するためにも、企業はまずステークホルダーの意見を聞く姿勢が大切です。企業が、ステークホルダーの意見を聞くことが、すなわち相手の主張をすべて認めるということにはなりません。お互いに立場が違うからこそ、それぞれの視点を共有することが、人権リスクを適切に把握し、人権リスクをできる限り小さくしていくために重要なのです。

直接影響を受けるステークホルダーの声を聞くことによって、企業の人権リスクへの取組みを実効性のあるものとすることが可能となります。

3 インクルーシブなエンゲージメント

ステークホルダーそれぞれの特性に鑑み、エンゲージメントそれ自体がインクルーシブであることも、重要な考慮要素となります。たとえば、地域住民との話合いの際に、男性ばかりが出席しているとしたら、ジェンダーの視点では不十分かもしれません。また、障がい者に対する合理的配慮、手話も含むアクセシビリティを確保した言語など、企業は、自分たちのコミュニケーションが、マイノリティも含むさまざまな社会的属性のステークホルダーに開かれたものであるか、確認し続ける必要があります。

ステークホルダーをどれだけ巻き込むことができるかは人権DDの実効性にかかわることから、ステークホルダーの特定にはじっくりと取り組み、その巻き込みに最善の方法を考慮することが重要です。そのプロセスは、包括的、参加型（プロセスに主体的に参加している意識の醸成）、アクセス可能性、透明性、信頼性、文化的な適切さ、文脈の固有性、ジェンダーに敏感であるべきと指摘されます[14]。

また、ステークホルダー・エンゲージメントは、人権リスクが顕在化したような場合だけではなく、平時から継続的に実施することがその実効性を高め、ステークホルダーとの信頼関係を深めるためにも重要です。その際に

---

14 "Stakeholder Engagement in Human Rights Due Diligence - A Business Guide" https://www.globalcompact.de/migrated_files/wAssets/docs/Menschenrechte/ stakeholder_engagement_in_humanrights_due_diligence.pdf

は、関係者全員に対して、そのプロセス、目標、フォローアップを明確にし、ステークホルダーによる期待も認識することが有用です[15]。

・プロセス自体をさらに改善するために、プロセスに対する満足度についてのフィードバックを求めること。

・人権リスクが状況に応じて変化し、ステークホルダーも一定とは限らないことから、状況の変化や新たなステークホルダーに対応する柔軟性を維持すること。

・人権リスクについて話すことが、そのステークホルダーの安全を脅かす可能性もあることに十分留意し、エンゲージメントを通じてステークホルダーを危険にさらさないこと。

・エンゲージメントが継続的なプロセスであることから、結果だけではなく、そのプロセスもステークホルダーの権利を中心としたものである必要がある。よって、エンゲージメントのプロセス自体が、プライバシーの権利の尊重など、権利に配慮したものであることを確認すること。

・企業とステークホルダーとの間には、圧倒的な力の不均衡があることに留意し、双方にとって平等な立場での「対話」であるか、注意深くみることが重要であり、対等ではないパワーバランスやその他のエンゲージメントの障壁（言語、文化、性別など）を認識し、対処すること。

・参加するだれもが同じように理解できるような言語で対話を進めることが、表面的ではない対話のために鍵となることから、適切なパートナーに適切な言語を選択し、すべての人が専門的な人権用語やビジネス用語に精通しているわけではないことに留意すること。

---

15 "Stakeholder Engagement in Human Rights Due Diligence - A Business Guide"
https://www.globalcompact.de/migrated_files/wAssets/docs/Menschenrechte/
stakeholder_engagement_in_humanrights_due_diligence.pdf

Q22 ステークホルダーからの苦情申立て・問題提起に対する対応

NGOから、自社のサプライチェーン上の国内工場で技能実習生に対する、労働環境に関連する人権侵害が存在しているとの問合せがありました。企業には、どのような対応が求められているでしょうか。

A このような問合せについて、企業は、人権リスクの把握のために活用することができます。ステークホルダー・エンゲージメントの一環として、対話を通じた事案の把握と、自社の事業活動との関係性、そのうえで、予防、軽減や救済といった自社としての対応を検討します。再発防止のために、しっかりと原因も分析しましょう。

1 問合せを受けての初動

企業が人権DDを進めるうえでのステークホルダー・エンゲージメントだけではなく、実際に、人権リスクが顕在化し、グリーバンスメカニズムを通じるなどして、労働組合やNGOなどステークホルダーからエンゲージメントを求められることも考えられます。

そのような問合せがあった際には、誠実に対応することがエンゲージメントとして重要です。まず、このような問合せについて窓口となる部署が拒否しないように、社内で認識を共有しておくことが大切です。そのうえで、エンゲージメントを申し出た団体に対して、受領したことを確認することを通知しましょう。ステークホルダーが企業に期待するのは、透明性をもって、説明責任を果たす行動です。企業も、自らの行動についてそのような視点で検討します。

2 事実調査の実施とエンゲージメント

そのうえで、申出の内容に関する事実調査を実施します。自社内の出来事であればまずは関連部署に対する聞き取りを、取引先で起きた事案である場合も、同様に、自社としても人権リスクに対する責任を負っていることをあらためて説明しながら、事実の確認をすることになります。ただし、くれぐれも通報に関与した当事者が、通報したことや事実関係の調査に協力したことを理由として解雇をはじめとする不利益な取扱いの対象とならないように、慎重に対応することが大切です。

そして、自社としての事実認識とそれに基づく対応をステークホルダーに伝えます。事案によっては、書面だけではなく、直接のエンゲージメントを実施することも考えられます。特に、取引先の事案について取り組む際には、自社だけでは十分に事実を把握することがむずかしいことも考えられることから、その事案の当事者や取引先から直接、説明を受ける機会は、自社の責任や対応を検討するためにも有益と考えられます。

3 原因分析と再発防止の取組み

エンゲージメントに基づき、今回の事案であれば、実際に、取引先で技能実習生が働いているか、申立てで指摘されたような労働環境による人権侵害の事実があるかどうか確認します。そのうえで、同様の事案の再発予防も含め、必要な施策を講じていくことになります。技能実習生に関する人権侵害について、たとえば、産業別労働組合や外国人労働者の権利擁護に取り組むNGOなどに問題が起きる原因やその防止について意見を求め、指導原則に沿った対応を検討してみましょう。特に、国内法とギャップのある国際人権課題については、企業内のリソースだけで対応することがむずかしいことが多いことから、誤った対応にならないためにもその人権課題について豊富な経験と知識のあるNGOなどに意見を求めてみることが有用です。

申立ての事案が仮に解決したとしても、再発防止のために、自社の取引行

為について「責任ある調達」であるかを見直すなど、自社としても積極的な取組みが必要になるかもしれません。ステークホルダーからの申立てへの対応についても、内外のステークホルダーに対する透明性と情報開示が重要です。

Q 23　ステークホルダー・エンゲージメントに関する課題

ステークホルダー・エンゲージメントに関する現在の企業における課題
はどのような点にあるでしょうか。

A　より影響を受けるライツホルダーとのエンゲージメントが最も
重要であることに対する理解促進が課題です。労働組合などに
加え、個別の課題や地域に取り組むNGOとのエンゲージメントをさら
に進めていくことが自社の人権リスク把握と改善のためには欠かせませ
ん。

　人権DDという取組み自体がまだ十分に浸透しているとはいえないことも
あり、指導原則の文脈における「ステークホルダー」の理解も深める必要が
あります。特に、人権DDがより深刻な人権リスクへの取組みを優先するよ
うに求めていることからすれば、たとえば、「投資家」は、人権DDの文脈に
おいては、必ずしも「ライツホルダー」とはいえず、指導原則に基づくエン
ゲージメントの対象となるステークホルダーと位置づける必要はないと考え
られます。

　また、事業活動のサプライチェーンが世界各国に多岐にわたることが多い
ため、それぞれの場面で影響を受けるステークホルダーの人権リスクについ
ても、企業が積極的に学ぶことが重要です。すでに述べたとおり、とりわけ
「脆弱な」ステークホルダーが直面する人権リスクの状況の把握はきわめて
重要です。

　実際に影響を受けるステークホルダーに企業から直接アプローチしていく
こと、海外のサプライチェーン上のステークホルダーとのエンゲージメント
も実施していくこと、単なる意見聴取に終わらないように、「対話」の実現
を意識すること、また、多くのステークホルダーがかかわる労働組合とのエ

ンゲージメントを強化することなどによって、指導原則の求める「意義のある」エンゲージメントを実施することができるでしょう。

構造的な人権課題への対処

> ### Q 24　構造的な人権課題に対する対処の要否
>
> たとえば、児童労働は、その発生要因が地域の貧困や行政の機能不全など1社の事業活動にとどまらないことから、いわゆる「構造的な人権問題」ともいわれるようですが、このような構造的な人権問題に対して、企業はなんらかの行動をとる責任があるのでしょうか。

> **A**　構造的な人権問題についても、それが事業活動と関連する以上、企業は、指導原則に基づいて取り組むことが求められています。まずは、自社の事業活動に関する人権DDを実施する際に、構造的な人権問題についても人権リスクとして把握することが必要です。

1　「構造的」が意味すること

　指導原則がそもそも必要とされたのは、多国籍企業による人権侵害が国際社会の課題となり、市場原理に基づく資源や労働力の搾取という現実に向き合う必要が認識されたからです。このような現実に、国家が十分な保護を与えることができないガバナンス上のギャップも要因と理解されています。つまり、このような社会・経済上の構造的問題があるからこそ、指導原則を通じた取組みが求められています。

　「構造的な」問題とされるのは、ある一企業の事業活動の枠組みを超えた社会全体に原因があるため、人権DDを実施し、人権リスクとして特定したとしてもその停止や軽減が困難である、また根本的な解決に結びつかないことも多いからです。たとえば、児童労働に関し、原材料調達の場面で児童労

働のリスクが顕在化していることが特定された場合でも、児童労働が起きている要因がさまざまであるため、そのすべてに1社が取り組むことは現実的にむずかしいことも多いと考えられます。仮に、その取引先に働きかけたとしても、児童労働の根本的な要因となっていることが多い、貧困や教育といった課題自体の解消にすぐには結びつきません。

2　人権リスクの根源を考える

　このように、構造的な問題については、企業の直接の取組みを通じて改善できる人権リスクとは異なるアプローチが必要となる場合が多いといえます。しかし、これは、企業が構造的な問題に対しては取り組む責任がないことを意味するわけではありません。企業活動が構造的問題の要因の一端を負っていることは否定できず、したがって、人権DDによってこのような課題を認識することが必要です。

　企業は、人権DDによって人権リスクを特定する際に、その人権リスクがいったいどのような根源（root cause）によるものなのか考えてみることが大切です。人権リスクの原因は、不十分な労務管理体制や関連する方針の欠如といった体制整備の問題、また、人権に対する根本的な理解が浸透しておらず、問題行為が「文化」や「個人の感情」などに矮小化され、人権侵害と認識されないといった教育の問題などさまざまです。構造的な問題の場合には、さらに、その原因が根深く残る差別・偏見・法制度の欠如、教育の重要性に対する理解不足や国のガバナンス体制の問題といった要素がより大きくかかわります。根源的な要因を分析する過程で、人権リスクの要因に対して、自社として可能な取組みを考えることができます。

構造的な問題に対する対処方法

企業はどのように構造的な人権問題に取り組むことができるでしょうか。具体的な取組みはあるのでしょうか。

A 1社のみによる改善がむずかしいとしても、構造的な人権問題についても、企業は他社や他のステークホルダーとのコレクティブ（協働）アクションも模索しながら、自社の事業活動を通じて継続的に取り組むことが期待されています。

　企業からすると、必ずしも自社のみが直接的な要因ではないと考えられる人権問題に取り組むことは、合理的ではないように感じるかもしれません。しかし、SDGsが示す持続可能性に関する各目標は、まさに構造的要因を示していることからしても、構造的な人権問題にも企業の取組みが期待されているといえます。1社だけで取組みがむずかしい場合には、コレクティブ（協働）アクションが考えられます。それは、政府を含む他のパートナーとの連携も含みます。

　また、企業のなかには、サプライチェーン上の取組みのみならず、広く社会へアプローチする企業もあります。

　米国をはじめ、多くの国々で人種差別は深刻な問題です。米国では、2020年、警察によるジョージ・フロイド氏の死亡事件をきっかけとして、広く「Black Lives Matter」とされる社会運動が起こりました。このような社会的課題に対して企業もそれぞれの事業活動を通じたメッセージを発しています。たとえば、ユニリーバ、ジョンソン・エンド・ジョンソン、ロレアルといった大手化粧品会社は、既存の製品から「美白」といった言葉を削除しました[16]。これは「美白」という商品名が、意図せずとも、一定の価値観を助長すると同時に偏見を助長する可能性があることに鑑み判断された

ものです。

　あるいは、日本国内でも、LUSHが同性婚訴訟に関する「Marriage for all」という社会運動に賛同し、「同性婚の法制化を実現するには、私たちがその重要性について声をあげ、その声を国会に届けたり、賛同の輪をさらに広げていく必要があります」として、店舗でキャンペーンを実施するなど、人権問題に対して企業として積極的にメッセージを発しています[17]。

　最近では、米国連邦最高裁が2022年6月24日、中絶に対する権利を否定する判決に対して、ディズニー、JPモルガン、ゴールドマン・サックス、メタといった大手企業が中絶のための州外の医療機関のための旅費を負担するといった企業としての方針を明らかにしています。

　人権問題の多くは、長年、社会のなかでさまざまな要因によってつくりだされたものです。このような課題に対処するために、企業としてのソーシャル・ジャスティス（公正な社会）の実現のために事業活動を通じてメッセージを発信し、社会に対する影響力を行使し、現状を変えていくことがその役割として重要です。

16　https://www.businessinsider.jp/post-215732
17　https://weare.lush.com/jp/lush-life/our-ethics/lush_campaign/marriage-equality/

第**8** 是正・救済とグリーバンス（苦情処理）メカニズムの構築

Q 26 グリーバンス（苦情処理）メカニズムの類型と要件

指導原則が提示するグリーバンスメカニズムの類型はどのようなもので
しょうか。また、企業がグリーバンスメカニズムを構築する際にどのよ
うな要素が必要とされているのでしょうか。

 指導原則は、裁判手続を代表とする国家基盤型のグリーバンス
メカニズムと、非国家基盤型で事業レベルのグリーバンスメカ
ニズム、さらに司法的な制度と非司法的な制度を救済へのアクセスにお
ける枠組みとして提示しています。指導原則の原則31は、特に、非司法
的なメカニズムについては正当性・利用可能性・予測可能性・公平性・
透明性・権利適合性・継続的な学習源という７つの要素をあげていま
す。さらに、事業レベルのメカニズムは、エンゲージメントおよび対話
に基づくことが必要となります。

1 事業レベルのグリーバンスメカニズムの構築の必要性

指導原則の第３の柱である、「救済へのアクセス」を保障することが、グ
リーバンスメカニズムの役割です。これまでも国家によって提供される司法
を基盤とする裁判手続などが、人権侵害における救済のための枠組みとして
活用されてきました。

しかし、指導原則は企業の人権尊重責任を定め、その一環として、事業レ
ベルのグリーバンスメカニズムの構築を企業に対しても求めています。

2 実効的なグリーバンスメカニズムの要素

グリーバンスメカニズムが、ライツホルダーの人権を保障する実効的なものとなるために必要な要素として以下の7つをあげています。また、事業レベルのメカニズムは、8つの目の要素としてエンゲージメントおよび対話に基づくことが必要となります。

① 正当性

利用者であるステークホルダーやグループから信頼され、苦情プロセスの公正な遂行に対して責任を負うことです。ステークホルダーは、そのメカニズムを信頼していなければ利用しません。したがって、グリーバンスメカニズムが正当であることを示すために、責任の所在を明らかにすることが必要です。

② 利用可能性

利用者であるステークホルダーやグループにしっかりと認知されていること、アクセスしづらい人々に対して適切な支援を提供することが重要です。

③ 予測可能性

手続にどれくらいの時間を要するか、事前に共有することによって、利用するステークホルダーもメカニズムを信頼し、活用することができます。

④ 公平性

特に利用するステークホルダーと企業との間には、情報や、専門知識、また財源などについて大きな不均衡があります。そのようなアンバランスな状況によって、手続の公平さが保たれないこともあることから、注意が必要です。

⑤ 透明性

手続がどのように進んでいるか、その進捗や、扱われている事案がどのように審理されているかといった情報について、広く共有することが、透明性を確保することを意味します。申立て内容とそれに対する対応について、可能な範囲で、広く情報開示を進めることが重要です。

⑥ 権利適合性

　指導原則に基づくものであることから、そのプロセスや提供される救済が、国際人権基準に沿ったものであることが必要です。

⑦ 継続的な学習源

　グリーバンスメカニズムをさらによりよいものとし、多くのステークホルダーが利用できるようにし、また、メカニズムを通じて寄せられた意見を参考に、人権の取組みを改善していくことが可能となります。

⑧ エンゲージメントおよび対話に基づくこと

　事業レベルのグリーバンスメカニズムは、特に、利用者であるステークホルダーとの間で、よりよい制度にするために仕組みづくりやその実効性について協議します。事業レベルのメカニズムでは、苦情申立ての対象である企業自身が苦情について対応することになります。このようなメカニズムに基づく決定は、その正当性を理由にステークホルダーに受け入れられないことから、特に対話を通じ、合意によって解決することが重要となります。裁定が必要とされる場合は、正当で独立した第三者メカニズムにより行われる必要があります。

Q 27 グリーバンスメカニズム構築における既存の仕組みの活用の可否

グリーバンスメカニズムの構築にあたっては既存の仕組みを活用できるのでしょうか。それとも新しく設置することが必要でしょうか。

A 各社ホットラインや内部通報制度など、これまでもコンプライアンスの観点から仕組みづくりを進めています。このような既存の社内制度が、指導原則の原則31が求める各要素を兼ね備え、人権リスクの是正・救済に十分な仕組みとなっているか、まずは確認することが重要です。

制度があったとしても、それに対して十分な信頼が寄せられていなければ、あるいは報復のおそれ等によって、必要な申立てがされないかもしれません。したがって、既存の仕組みに届けられる件数が少ないことは、課題が少ないことを必ずしも意味せず、むしろ仕組みが実効的に機能していないと考えるべきことが多いといえます。

また、既存の仕組みの目的は、企業にとってのリスクを探知することが目的となっていることが多いでしょう。しかし、指導原則のもとでのグリーバンスメカニズムの目的は、ステークホルダーにとっての人権リスクを探知することです。この観点から、再度、既存の仕組みのあり方を検討することも重要です。

指導原則はグリーバンスメカニズムのあり方について、7＋1の要素を備えていることを求めますが、このほかに実務レベルでの具体的な要請事項は示されていません。そのため、各社が、担当部署、人員、予算といった要因を考慮しながら、グリーバンスメカニズムとして既存の仕組みを拡大するか、あるいは、別途設置するかを検討することが必要です。特に、指導原則がグリーバンスメカニズムの窓口を社内従業員や消費者だけではなく、サプ

ライヤーにもアクセス可能なものとすることを求めている点に留意が必要です。サプライヤーに対して、自社がグリーバンスの窓口を開いていることを周知することも重要なステップです。

Q 28 　海外子会社・サプライヤーの労働者に対するグリーバンスメカニズムの要否

当社は、社員のためのハラスメント相談窓口を設けています。海外子会社の労働者または海外サプライヤーの労働者に対してもこのような窓口を設ける必要があるのでしょうか。

 企業は、人権侵害の被害者に救済へのアクセスを確保する責任を負っています。既存の窓口で取り扱う事項を人権全般に拡大したり、相談・通報できる対象者をグループ会社やサプライヤーの労働者に広げたりすること等を検討する必要があります。

1　救済へのアクセス確保の担い手

　指導原則は、国の人権保護義務、企業の人権尊重責任と並んで、人権侵害の被害者の救済へのアクセスの確保をその柱としています。人権侵害の被害者が救済されるためには、国の裁判制度が使いやすい制度であること（たとえば、裁判所に納める費用や弁護士費用等について扶助する仕組みが、海外居住の労働者にも開かれていること、裁判の過程での翻訳・通訳費用の支援があること）や、国の組織から独立した国内人権機関があることがまず重要です。

　ただ、指導原則は、国だけでなく企業も、救済へのアクセスの確保の担い手として位置づけています。そのため、企業は、自社・グループ会社の社員を対象とした窓口のみならず、国内外のサプライヤーの労働者や自社製品の消費者等も対象に、人権侵害について申し出ることのできる窓口を設置することが期待されています。

2　既存の窓口の活用

　企業が人権侵害の被害者に対し、救済へのアクセスを確保する方法とし

て、まずは社内外にある既存の窓口（内部通報窓口、ハラスメント相談窓口、法律事務所等の外部窓口）を活用することを検討してよいと思います。

　既存の窓口で取り扱う相談内容を、人権に関する課題に拡大したり、通報できる対象者を社員だけでなく、サプライヤーの労働者や消費者に拡大したりする等の方法が考えられます。また、社内の組織体制として、人事・労務や総務、法務が既存の窓口を担当する部署となっている場合には、これらの部署と、人権やサステナビリティを担当する部署との連携・協働も必要です。窓口担当者に対する人権研修も求められます。

3　集団的グリーバンスメカニズム

　2020年11月、「責任ある外国人労働者受入れプラットフォーム」(JP-MIRAI)が、外国人労働者の権利の保護や、労働環境・生活環境の改善、責任ある受入れによって、「包摂的な経済成長と持続的な社会の実現」を目指すことを謳い、官民連携で設立されました[18]。JP-MIRAIでは、アプリケーションを活用して、外国人労働者の声を直接吸い上げるとしています。

　また、2022年6月には、一般社団法人ビジネスと人権対話救済機構(JaCER)が設立されました。JaCERは、人権侵害の被害者からの通報を受け付け、専門家の仲介により解決することを目指す、グリーバンスメカニズムの共同プラットフォームです[19]。

　これらの仕組みが実効的に機能するかはこれから注目されるところですが、このような仕組みに参画することも選択肢の1つになると思われます。

---

[18]　2021年12月、東京弁護士会とJICAは、外国人労働者の救済へのアクセスを拡充することを目的として、基本合意書を締結。外国人労働者からの相談について紛争解決機関として裁判外紛争手続（ADR）を利用できるように、東京弁護士会紛争解決センター内で専門ADRの仕組みを整えることを目指しているとされる。

[19]　https://jacer-bhr.org/index.html

グリーバンスメカニズムにおける苦情への対応方法

労働組合やNGOから自社に関係する人権侵害について申立てがありました。どのように対応することが必要でしょうか。また、なぜ、ステークホルダーを巻き込むことが企業の取組みにとって有用なのでしょうか。

A グリーバンスメカニズムを通じて申立てがされた場合には、まず、その申立てを受領したことを当事者に伝えることが重要です。そのうえで、内容について調査を行い、申立てについてできるだけ早期に回答を送付するために社内で検討を進めます。

1　プライバシーに配慮したうえでの事実調査の実施

社内の事案であれば、調査を進めることは比較的容易であるでしょう。ただし、それでも内容に応じて、関係者のプライバシーの保護など、必要な配慮をとることは必要です。

申立て内容が直接の取引先や二次以降のサプライヤーの場合、直接、調査を実施することは困難であることもあります。しかし、指導原則上、このような人権侵害についても、自社が加担・助長している可能性や少なくとも、直接関係している可能性がある以上、救済に向けて働きかけることが求められています。まずは、事実関係について、取引先企業に確認することを検討してみましょう。ただし、取引先企業のガバナンスが確立していない場合は、申立て者にとって不利益な取扱いがされるおそれが高まることから、慎重な対応が必要です。

2　ステークホルダー・エンゲージメント（対話）の重要性

　たとえば、縫製工場で働く技能実習生の労働環境について、発注者である
ブランド企業に直接の申立てがあったケースがありました。ここで、直接雇
用関係がないことを理由に自社の責任を否定することは、指導原則の趣旨に
反するものであり、ステークホルダーからの信頼を失う対応です。自社とし
ての「法的責任」と、指導原則で求められる「責任」は個別に考えることが
必要です。

　このような場合、ブランド企業としては、まず、実際に申立てのあったよ
うな労働環境であるかどうか、申立て者と、工場の使用者に確認することが
必要です。その際に、タイムカード等、客観的に事情を把握できるものがあ
れば、それを参照することができます。ただし、常にこれらの書類等が実際
の労働環境を正確に記しているものではないことから、労働組合等から話を
聞くことも有用です。企業別労働組合がないとしても、産業別労働組合がこ
のような労働問題を把握していることがあります。

　また、申立て内容を検討するにあたっては、主張されている人権リスク
が、自社の取引行為に起因するものでないかを検討することも重要です。上
記の事案の場合、自社の購買行動が責任あるものであったか、短納期の注文
で工場に過度な負担をかけていないか、など、人権侵害の原因についても慎
重に検討することは、将来における人権侵害の発生を予防することにつなが
ります。

　指導原則は、人権侵害に対する救済は、謝罪、原状回復、リハビリテー
ション、金銭的または非金銭的補償、および処罰的な制裁といったかたちで
実施されることが可能としています（指導原則の原則25解説）。「救済のブー
ケ」[20]とも評されるように、何が実効的な救済であるかは、影響を受けた当
事者の意見を聞きながら決定することが必要です。したがって、自社の窓口

20　https://www.ohchr.org/en/special-procedures/wg-business/access-remedy

に申立てがあった際、調査の結果、いずれかの是正が必要な場合にも、まず
は当事者の意見を尊重することが求められます。

Q**30** 海外子会社における人権問題の訴訟リスク

当社はＡ国に子会社を有しています。同国での事業活動の結果、Ａ国の住民が「きれいな水に対する権利を侵害された」と主張しています。Ａ国の住民が、親会社である日本企業を被告として、日本の裁判所に訴訟提起することはありうるのでしょうか。

A 海外では、子会社による人権侵害について、親会社の責任を親会社の所在国の裁判所で追及する訴訟が提起される例があります。日本の裁判所でも、同様の訴訟の管轄が認められる可能性はあります。訴訟リスクを回避するためには、子会社に対するグループ方針の浸透だけでなく、監査や研修に、人権の観点を組み入れることが必要です。

1 海外の裁判所の動向

　まず、先行する海外の裁判所の動向を見てみましょう。英国の裁判所では、1,826名のザンビアの市民が原告となって、炭鉱から有害物質が農業水路に排出されたことにより、周辺住民の健康被害や農業への影響が出たとして、炭鉱オーナーであるザンビア企業とその親会社である英国企業に対する訴訟が提起されました。

　国境をまたいだ裁判では、訴訟提起された国の裁判所がその案件について判断することができるかという観点から、管轄があるかがまず争われます。この案件では、2019年4月、ザンビアの子会社と英国の親会社に対する訴訟

それぞれについて、英国の裁判所の管轄が認められています。

　親会社に対する管轄を判断する際に、英国の裁判所は、英国の親会社が原告らに対してduty of care（注意義務）を負うか否かという実体面に着目しました。裁判所は、親会社の注意義務の存否は、子会社のザンビアでのオペレーションに関連する活動（土地の使用を含む）について、親会社が支配し、介入し、コントロールし、監督し、助言する機会を得ていたか否かによると述べています。そして、本件では、そのような機会があったことから、英国親会社に対する裁判管轄が認められると判断したのです[21]。原告側は、裁判所が「支配し、介入し、コントロールし、監督し、助言する」機会を認定したのは、英国親会社がその開示文書において、グループ企業内で環境のコントロールやサステナビリティ基準について確立する責任に言及していたからだと分析しています。

　このように、子会社による人権侵害について、親会社の責任を親会社の所在国の裁判所で追及する訴訟は、オランダ、カナダ等でも提起されています。

2　日本の裁判所における判断

　日本では、「主たる」事務所または営業所が日本国内にあれば、日本の裁判所に国際裁判管轄が認められています（民事訴訟法3条の2第3項）。ただし、日本の裁判所が審理・裁判をすることが当事者間の衡平を害したり、適正かつ迅速な審理の実現を妨げることとなったりする特別の事情がある場合は、日本に管轄権が認められません（同法3条の9）。その考慮要素としては、事案の性質や応訴による被告の負担の程度、証拠の所在地のほか（同条）、外国での同一・関連訴訟の係属、外国での司法アクセスの困難性などを勘案するとされています。

---

[21]　Vedanta v. Lungowe［2019］UKSC 20, 10 April 2019。英国最高裁は、管轄を認めた地裁・高裁判決への企業側の上告を棄却した。2021年1月、英国親会社が法的責任を認めることなしに原告らに解決金を支払うことで双方が合意した。

参考となる下級審の裁判例として、コトパンジャン・ダム事件があります。ODA事業による損害について、インドネシアのスマトラ島の住民である原告らが日本国、JBIC、JICA、実行可能性調査を行った日本企業の責任を追及するため、2002年、日本の裁判所に提起した賠償請求です。原告らは、移住の計画・実施にあたり現地住民を参画させることや、土地や資源に対する権利を有する住民に対しては、適切な土地、インフラや他の補償をすることを含む「非自発的な移住に対する注意義務」を被告国は負っており、この注意義務に違反したことにより損害が発生したと主張していました。

東京地方裁判所は、2009年9月に、被告国の責任について、損害発生の原因となったプロジェクトの実施決定や調達手続、建設段階の工事監理や、プロジェクト完成後の運営、維持・管理は借入国および同国の事業実施機関が行っており、日本国政府は、報告を受け、事後評価を行う等にとどまっていたとして、「非自発的な移住に対する注意義務」を否定しました[22]。また、日本企業の責任も否定しています。

この下級審判例から、日本の裁判所における企業に対する訴訟リスクを直ちに判断することはできません。しかし、日本に拠点があれば原則として国際裁判管轄は認められること、また、加害行為を構成する事業に対する管理や運営の度合い（影響力の強さ）が責任の判断要素となりうることは指摘できます。

3　訴訟リスクを回避するための方策

訴訟リスクを回避するためには、Q31のとおりグループ方針を策定するだけでなく、子会社によって人権侵害行為を構成するような事業が行われていないかという観点からの具体的措置が必要です。たとえば、子会社の事業に対する親会社による監査項目に人権の観点を組み入れることや、子会社向けの人権研修を行うこと等が考えられます。

22　東京地判平成21年9月10日判例タイムズ1371号141頁。

グローバルポリシー策定と訴訟リスクの関係

当社は、人権方針を策定し、海外子会社も含めてグローバルに適用することを検討しています。Ａ国の子会社の法務担当者から、グローバルポリシーを採択すると、日本の親会社が子会社の経営管理に深く関与していることになり、人権侵害が起きた場合に、Ａ国の裁判所で日本の親会社に対する訴訟が起こされるリスクが高まると指摘を受けました。人権方針は日本の親会社のみに適用することとしたほうがよいのでしょうか。

A いいえ、人権方針は、日本の親会社のみではなく、海外子会社も含めてグローバルに適用されるものとして策定することが望ましいです。人権リスクを予防・軽減するために、グローバルポリシーに基づいて子会社の監督を行うことが、訴訟リスクの回避にもつながります。

1 グローバルポリシー策定の影響

　Q30で紹介した事案（Vedanta事件）で、英国（親会社の所在国）の裁判所は、グローバルポリシーの存在自体で親会社の第三者に対する義務を発生させることはないとしました。そのうえで、「親会社が（グローバルポリシーの）策定にとどまらず、トレーニング、監督、執行等の方法により関連子会社に対し、グローバルポリシーを実施するような積極的な措置をとった場合には、第三者に対する義務が発生しうると判断する」としています。また、「実際にこのような措置をとっていない場合であっても、子会社に対し同程度の監督やコントロールを及ぼしていることを開示しているような場合にも、第三者に対する責任を負いうる」としました。

この判断は、グローバルポリシーを策定し、その浸透のために子会社に対して積極的な措置をとった場合には、かえって親会社の責任追及がなされやすくなるかのようにとらえられがちです。

　しかし、英国の裁判所の判断は、子会社の事業または子会社の従業員等の行為に対する親会社の管理・監督、運営の度合い（影響力の強さ）を主な理由として親会社の責任を認めたのであって、グローバルポリシーを有するか否かは１つの要素にすぎません。

2　親会社が責任を果たすためには

　真の訴訟リスク回避とは、管轄が認められないようにして訴訟提起の可能性を封じることではなく、不法行為の責任を発生させないようにすること、その原因となる人権侵害の可能性を予防・軽減することです。また、仮に人権侵害が発生した場合には、被害者に対する救済となる解決策を呈示することです。

　訴訟リスクは、「グローバルポリシーを採択しない」ことによって回避されたり低減されたりするものではありません。むしろ、子会社に適用される人権方針がなく、人権DDも行われずに、人権侵害を発生させることのほうが問題です。このような場合には、子会社の人権侵害の被害者たちは親会社への責任追及を強める（訴訟リスクがより高くなる）可能性すらあります。また、親会社が子会社の事業の運営に積極的にかかわっているにもかかわらず、人権侵害を防止するための十分な監督を行っていなければ、親会社の責任が認められてしまう可能性も高まります。

　人権に関するグローバルポリシーを策定し、人権リスクを低減させるためにステークホルダーとの協議を継続的に行いつつ、子会社の監督を行うことが、人権リスクが顕在化した場合の訴訟リスクの対策として有効に思われます。

人権に関する非財務情報開示

Q 32　人権に関する非財務情報開示枠組み・ルール

人権DDの実施状況を開示するための非財務情報開示枠組みやルールにはどのようなものがありますか。

A　人権DDに直接関連する非財務情報開示枠組みとしては、国連指導原則報告フレームワークやGRIスタンダードがあります。また、法規制としては、英国現代奴隷法、EU非財務情報開示指令を含むサプライチェーンDD開示規制があります。しかし、人権課題の企業価値への影響が増大しているなかでは、上記以外のさまざまな開示枠組みを通じて人権DDに関する開示を行うことが有益です。

1　財務マテリアリティと環境・社会マテリアリティの区別

　非財務情報開示の枠組み・ルールにおいては、財務マテリアリティ（環境・社会要素の企業価値への影響）を重視する開示基準と環境・社会マテリアリティ（企業活動の環境・社会への影響）を重視する開示基準が存在します。

　図表2-10-1のとおり、環境・社会マテリアリティと財務マテリアリティの種類に応じ、主な開示の相手方、関連する開示枠組み・ルール、開示媒体は異なっています。

2　人権DDと環境・社会マテリアリティの親和性

　人権DDは、企業活動のステークホルダーの人権への影響を評価・対処するものであることから、その開示については必然的に、環境・社会マテリア

リティを重視する開示基準と親和性があります。

　特に、国連指導原則報告フレームワークは、指導原則にのっとって人権DDの実施状況を報告する枠組みを提供しています。またGRIスタンダードは、サステナビリティ報告書に関する開示枠組みであるところ、開示項目を特定するためのマテリアリティの特定にあたって人権DDの実施を行うべきことを明記しています。

　さらに、第1章第5の3で説明した英国現代奴隷法・EU非財務情報開示指令・フランス注意義務法・ドイツサプライチェーンDD法をはじめとするサプライチェーンDD開示規制は、人権DDのプロセスの開示を要求するものです。

3　マテリアリティの流動性とさまざまな開示枠組みを通じた開示の有益性

　現在、財務マテリアリティと環境・社会マテリアリティは動的に変化しているという「ダイナミック・マテリアリティ」が提唱されており、実際、人権課題の企業価値に対する影響も増大しています[23]。そのため、財務マテリアリティと環境・社会マテリアリティは、図表2－10－1の矢印や点線で示されるように流動的です。

　一見して企業価値に関係がないよう思われる人権課題であっても、企業価値に影響を与える可能性が合理的に説明できる場合には、投資家・金融機関も関心を有することが考えられます。

　その場合には、財務マテリアリティを重視する開示基準に沿いながら、有価証券報告書、事業報告書、統合報告書、コーポレートガバナンス報告書などの開示書類に、人権DDの実施状況を積極的に開示することにより、開示の質を高めることができます。

---

[23]　CDP, CDSB, GRI, IIRC, and SASB "Statement of Intent to Work Together Towards Comprehensive Corporate Reporting" (2020)

図表２−10−１　マテリアリティの種類に応じた開示とその流動性

マテリアリティの種類	主な開示の相手方	関連する開示枠組み・ルール	主な開示媒体
環境・社会マテリアリティ	労働者・地域住民・消費者などのステークホルダー	国連指導原則報告フレームワーク、GRIスタンダード、サプライチェーンDD・開示規制等	人権報告書、サステナビリティ報告書、ステークホルダーとの対話における説明、ウェブサイト
財務マテリアリティ	投資家・金融機関	TCFD、IIRC、SASB、ISSB、価値協創ガイダンス、コーポレートガバナンス・コード等	有価証券報告書、事業報告、統合報告書、コーポレートガバナンス報告書、投資家との対話における説明、株主総会における説明、ウェブサイト

Q33 ステークホルダーに対する情報開示の留意点

投資家以外のステークホルダーを対象として企業の人権尊重に関する開示を行う場合、どのような内容を、どのような媒体を通じて開示することが考えられますか。

A 人権DDの実施状況を、国連指導原則報告フレームワークやGRIスタンダードなどの枠組みを参照しつつ、人権報告書やサステナビリティ報告書など媒体を通じて、開示することが考えられます。開示にあたっては、Corporate Human Rights BenchmarkやKnow The Chainなどの評価基準を参照することも有益です。ステークホルダーの信頼を確保する観点からは、いかに重大な人権課題を特定し、重点的な対応を行っているかを具体的に説明することが重要です。

1 国連指導原則報告フレームワークの参照の有益性[24]

人権DDの実施状況を開示するにあたって、図表2－10－2のとおり、国連指導原則報告フレームワークでは、報告原則として5つの点を提示しています。

図表2－10－2 国連指導原則報告フレームワークの報告原則

A	人権報告をビジネスの文脈に位置づける
B	情報開示の最低基準を満たす
C	進行中の改善内容を説明する
D	人権尊重に焦点を置く
E	人権への最も深刻な影響に取り組む

---

24 和訳は、https://www.ungpreporting.org/wp-content/uploads/2017/06/UNGPReportingFramework-Japanese-June2017.pdfに掲載。

情報開示の最低基準として、図表2－10－3に示されるパートAの2つの包括的質問に実質的な回答を行うこと、パートBの4つの情報要件を満たすこと、パートCの6つの包括的質問に実質的な回答を行うことをあげ

図表2－10－3　国連指導原則報告フレームワークの概要

パートA：人権尊重のガバナンス

A1　方針のコミットメント：企業が、人権尊重へのコミットメントとして公式に説明していること（パブリック・コミットメント）は何か。

A2　人権尊重の組み込み：企業は、人権尊重のコミットメントの実施を重視していることを、どのように説明しているか。

パートB：報告の焦点の明確化

B1　重大な人権課題の提示：報告対象期間の企業の活動および取引関係に関連した、重大な人権課題を提示する。

B2　重大な人権課題の確定：重大な人権課題がどのように確定されたかを、ステークホルダーからの意見も含めて説明する。

B3　重点地域の選択：重大な人権課題に関する報告が特定の地域に重点を置く場合、どのようにその選択を行ったかを説明する。

B4　追加的な深刻な影響：報告対象期間に発生し、または引き続き取り組まれている人権への深刻な影響のうち、重大な人権課題以外のものを特定し、その取組みの方法について説明する。

パートC：重大な人権課題の管理

C1　具体的方針：企業は重大な人権課題に取り組む具体的な方針を有しているか、またそれはどのような方針か。

C2　ステークホルダー・エンゲージメント：重大な人権課題のそれぞれに関し、企業はステークホルダー・エンゲージメントをどのように実施しているか。

C3　影響の評価：重大な人権課題の性質が時間の経過とともに変化する場合、企業はそれをどのように特定するか。

C4　評価結果の統合および対処：企業は重大な人権課題それぞれについての評価結果を、自社の意思決定過程および行動にどのように統合しているか。

C5　パフォーマンスの追跡：企業は、重大な人権課題それぞれへの取組みが実際に効果をあげているかどうかをどのように確認しているか。

C6　是正：企業の行動や意思決定が、重大な人権課題に関連して人々の人権を侵害している場合、企業は効果的な救済をどのように実行可能なものにしているか。

ています。

2　企業の人権尊重の評価基準の参照

　企業の人権DDを評価する基準として、Corporate Human Rights Benchmark（CHRB、企業人権ベンチマーク）があります。特に、企業のサプライチェーンにおける強制労働の廃止の取組みを評価する基準として、Know The Chain（KTC、サプライチェーンを理解せよ）といったイニシアティブがあります。CHRB、KTCともに、特定の業種の企業取組みを点数化・ランキング化することにより企業の取組みを促しています。

　これらのイニシアティブではその評価の方法論を公表しているため、開示にあたってこれを参照することも有益です。

3　情報開示の媒体

　ステークホルダー向けの開示媒体としては、一般的にはサステナビリティ報告書が考えられますが、ユニリーバ[25]やANAホールディングス[26]のように人権尊重に焦点を当てた人権報告書において開示することも考えられます。

　このような報告書に加えて、ステークホルダーとの対話における説明やウェブサイトを通じて、開示することも考えられます。

4　重大な人権課題に関する開示の重要性

　ステークホルダーの信頼を確保する観点からは、情報開示にあたって、企業がいかに重大な人権課題を特定し、重点的な対応を行っているかを具体的に説明することが重要です。

　日本企業においては、企業が重大な人権課題に関する情報を開示した場合

25　https://www.unilever.com/files/cefcd733-4f03-4cc3-b30a-a5bb5242d3c6/unilever-human-rights-progress-report-2021.pdf

26　https://www.ana.co.jp/group/csr/effort/pdf/Human_Rights_Report_2020.pdf

に、企業が人権問題に関与しているとのステークホルダーからの批判や不安が生じることを懸念して、情報開示を躊躇する関係者も少なくありません。

しかし、重大な人権課題に関する情報を開示しないことの不利益は、開示することの不利益をはるかに凌駕する危険性があります。前述のとおり、国連指導原則報告フレームワークにおいても、「パートB：報告の焦点の明確化」「パートC：重大な人権課題の管理」を通じて、開示すべき項目になっています。CHRB、KTCでも評価の重点になっています。

グローバルの同業他社では、サプライチェーンDD開示規制などの適用により、重大な人権課題に関する情報を含めた非財務情報の開示を行わざるをえない状況になっています。日本企業がこのような情報を開示しないことは、以上のようなグローバルの同業他社と比較して開示情報が大きく見劣りする結果となってしまいます。

重大な人権課題について、一企業のみの問題というより、むしろ、当該企業が活動・取引している国・地域や当該企業が属している業界全体の問題であることも多い状況です。このような場合には、国・地域や業界全体の課題であることを示すことで、当該企業のみが問題に関与しているとの批判や不安が生じることを回避することができます。さらに、重大な人権課題について重点的に対処を行っている状況を説明することで、ステークホルダーの信頼を確保することが可能となります。

投資家に対する情報開示の留意点

投資家を対象として企業の人権尊重に関する開示を行う場合、どのような内容を、どのような媒体を通じて開示することが考えられますか。

A 投資家に対する開示では、人権DDの実施が、いかに企業に対するリスクを管理し、機会を創出し、企業価値を維持・向上しているかを具体的に説明する必要があります。このような情報を、IIRC統合報告フレームワーク、IISBサステナビリティ基準、価値協創ガイダンス、コーポレートガバナンス・コードなどの枠組みを参照しながら、有価証券報告書、コーポレートガバナンス報告書、統合報告書などの媒体を通じて、開示することが考えられます。投資家の信頼を確保する観点からは、いかに重大な企業リスクを特定し、重点的な対応を行っているかを具体的に説明することが重要です。

1 人権DDが企業価値を維持・創造するプロセスの説明の必要性

投資家の関心は、投資先企業の企業価値の維持・向上にあります。

そのため、投資家との関係では、人権DDの実施状況を説明するだけでは十分ではなく、人権DDの実施の結果として、いかに企業が直面するリスクの管理や機会の創出につながっているかを具体的に説明する必要があります。

第1章第2では人権尊重・人権DDが企業価値に直結するようになっている一般的な状況を説明しましたが、各企業の個別具体的な状況に応じて評価し、これを開示することが重要です。

中長期的な企業価値の維持・向上を説明するためには、国際統合報告書フ

レームワーク（IIRC）や価値協創ガイダンスにおいて重視されている、人的資本・知的資本・社会関係資本を含む無形資産への影響も評価して開示することも有益です。

2 国際的な開示枠組み

財務マテリアリティを重視する国際的な非財務情報開示枠組みは、図表2-10-4のとおり、乱立していたものの、IFRC（国際会計基準）財団が設立したISSB（国際サステナビリティ基準審議会）のサステナビリティ基準に統一されつつあります。

ISSBのサステナビリティ基準は一般的要求事項・テーマ別要求事項・産業別要求事項から構成されます。一般的要求事項の公開草案[27]は、TCFDと同様に、①ガバナンス、②戦略、③リスク管理、④指標および目標という枠組みを通じた非財務情報開示を要求しています。

図表2-10-4　非財務情報に関する国際的な開示枠組みの種類

開示基準	発行主体		内容
TCFD提言書	FSB（金融安定理事会）		気候変動に関連する財務情報開示の枠組み
IIRC統合報告フレームワーク	IIRC（国際統合報告評議会）	VRF（価値報告財団）に統合	統合報告書に関する開示枠組みを提供
SASBスタンダード	SASB（サステナビリティ会計基準審議会）		業務別のマテリアリティをふまえた非財務情報の開示枠組みを提供
ISSBサステナビリティ基準（策定中）	IFRC（国際会計基準）財団がISSB（国際サステナビリティ基準審議会）を設立し、統合		サステナビリティに関する国際会計基準を策定中

27　https://www.ifrs.org/news-and-events/news/2022/08/issb-receives-global-response-on-proposed-sustainability-disclosure-standards/

3　日本国内の開示の枠組みと媒体

　日本国内では、価値協創ガイダンスが統合報告書、コーポレートガバナンス・コードがコーポレートガバナンス報告書、企業内容等の開示に関する内閣府令が有価証券報告書における開示基準を定めています。

　前述のとおり、コーポレートガバナンス・コードについては、2021年の改訂により、補充原則2③では、取締役会が人権を含むサステナビリティ課題を重要な経営課題をとらえ、対処すべきことが明記されました。また、補充原則3－1③では、自社のサステナビリティについての取組みを適切に開示すべき旨も明記されました。

　また、金融審議会ディスクロージャーワーキング・グループは、2022年6月、有価証券報告書におけるサステナビリティ情報の充実を提言する報告書[28]を採択しました。これをふまえ、2022年11月に開示府令の改正案が金融庁より公表されました。有価証券報告書にサステナビリティ情報の記載欄を新設し、国際基準と同様、①ガバナンス、②戦略、③リスク管理、④指標および目標の開示項目について開示が求められる予定です。また、サステナビリティ項目のうち、(1)「人的資本」について「人材育成方針」「社内環境整備方針」を開示すること、「多様性」については「男女間賃金格差」「女性管理職比率」および「男性育児休業取得率」を「従業員の状況」において開示することが求められる予定です。

　人権課題が企業価値に影響を与える場合は、図表2－10－5のとおり、各開示媒体・基準において、企業の人権尊重に関して開示することが考えられます。

4　重大な企業リスクの対応状況に関する開示の重要性

　投資家の信頼を確保する観点からも、情報開示にあたって、企業に重大な

---

[28]　https://www.fsa.go.jp/singi/singi_kinyu/tosin/20220613.html

図表2-10-5　人権に関する開示媒体・基準・方法

開示媒体	開示基準	企業の人権尊重に関する開示方法・箇所
統合報告書	価値協創ガイダンス	・開示項目③持続可能性・成長性において、人権課題に関して、リスク要因や競争力の源泉として記載することが考えられる。 ・開示項目④戦略において、人権に関する企業リスクを管理し、機会を創造するための戦略を記載することが考えられる。
コーポレートガバナンス報告書	コーポレートガバナンス・コード	・補充原則3-1③は社のサステナビリティの取組みを適切に開示すべき旨規定。 ・「Ⅰの1　コーポレート・ガバナンスに関する基本的な考え方」の「(2)コードの各原則に基づく開示」においてコード実施状況として開示することが考えられる。 ・「Ⅲ　株主その他の利害関係者に関する施策の実施状況」の「3．ステークホルダーの立場の尊重に係る取組み状況」）においても開示が期待される。
有価証券報告書	企業内容等の開示に関する内閣府令	・人権課題が企業価値に重要な影響を与える場合に、「事業の状況」に記載された「事業等のリスク」の要素として人権課題に関して記載することが考えられる。 ・新設のサステナビリティ情報の記載欄において開示することも考えられる。

リスクを生じさせうる人権課題を特定し、重点的な対応を行っているかを具体的に説明することが重要です。

　日本企業においては、重大なリスクに関する情報を開示した場合にも、投資家に不安が生じることを懸念して、情報開示を躊躇する企業関係者も少なくありません。

　しかし、人権課題が企業価値に生じさせるリスクに関する認識が投資家の間で進むなかで、企業が重大なリスクへの対応状況について開示しなければ

かえって投資家からの不安が増大することになりかねません。

　Q33と同様に、国・地域や業界全体のリスクであることを示すことで、当該企業のみに問題が生じているとの批判や不安が生じることを回避することができます。さらに、重大なリスクについて重点的に対処を行っている状況を説明することで、投資家の信頼を確保することが可能となります。

中小企業における人権DDの留意点

Q 35　中小企業における人権DD実施の要否

中小企業でも人権DDを実施する必要があるのでしょうか。

A　指導原則は、事業規模を問わず、企業に対し人権尊重責任を果たすことを求めています。中小企業は、インフォーマルな慣行や人権尊重に取り組むリソースの不足ゆえに、人権への負の影響に関与してしまうリスクが高い場合もありえます。また、中小企業は大企業のサプライチェーンに組み込まれている場合も多く、重大な人権問題の発生により顧客から取引を停止され、重大な経済的損失が生じるリスクが高いといえます。そのため、人権への負の影響の防止および企業損失の防止双方の観点で、中小企業も人権DDを実施する必要があるといえます。

1　指導原則の原則14における規定

指導原則の原則14は「人権を尊重する企業の責任は、その規模、業種、事業状況、所有形態及び組織構造に関わらず、すべての企業に適用される」旨規定しています。

また、原則14の解説では、「中小企業のなかにも人権に対し重大な影響を及ぼすものがあり、その規模に関係なくそれに見合った措置を求められる。影響の深刻さはその規模、範囲及び是正困難度で判断される」と規定しています。

2　中小企業において人権への負の影響を高める要因

　中小企業においては、人権尊重に取り組むための人材・資金・情報などの
リソースが不足している場合があります。また、略式のプロセスや経営構造
などのインフォーマルな慣行をとっている場合も多い状況です。

　このような観点では、中小企業においては、人権への重大な負の影響に適
切に防止・軽減することができない場合があることに留意が必要です。

　一方で、Q36で述べるように、中小企業が人権DDを実施した場合には、
経営者のコミットメントから取組みまでの浸透が大企業よりも効果的である
こともあります。

3　人権問題の発生の結果として生じうる重大な企業損失

　中小企業においては、大企業とのサプライチェーンに組み込まれ、その収
益を大企業との取引関係に依存している場合も多い状況です。

　大企業においてサプライチェーンを通じた人権DDの取組みを進めている
なかで、万が一中小企業において重大な人権問題が発生した場合、顧客であ
る大企業からの信頼を失い、最悪の場合には取引を停止されてしまうリスク
があります。

　このようなかたちで中小企業が大口の顧客を失った場合には、大企業以上
に経済的損失の重大性が大きくなる結果となりかねません。

Q 36 　中小企業における人権DDの工夫

人材・資金・情報などのリソースの少ない中小企業（大企業の子会社なども含みます）では、どのように人権DDを実施することが効果的でしょうか。

A　リソースの少ない中小企業においても、①経営者が強いリーダーシップを発揮する、②人権リスクの高さに応じたメリハリのある対応を徹底する、③外部のリソースを積極的に発信する、④独自の取組みを発信し、外部とつながるなど工夫を行うことで、効果的に人権DDを実施することが可能となります。

1　経営者が強いリーダーシップを発揮する

中小企業では、大企業と比較すると、経営者が他の役職員や企業風土全体について強い影響力を有しており、経営者の判断で機動的・柔軟に企業を変革できる場合が多いです。そのため、中小企業の経営者自身が企業の人権尊重においてリーダーシップを発揮していくことが特に効果的です。

この場合、経営者が企業の人権尊重に関する姿勢を継続的に役職員に対して伝達することが重要です。また、人権課題対応の企業経営における優先順位を高め、一定の予算や人員を確保するように努めることも考えられます。

2　人権への負の影響の高さに応じたメリハリのある対応を徹底する

すべての人権課題に関して一律に対応する必要はなく、自社の事業活動やサプライチェーンを通じて重要な人権への負の影響（人権リスク）を特定し、人権リスクの高さに応じてメリハリのある対応を行うことが効率的であり、

そのことが指導原則やその他の国際規範とも整合しています。

　特に人材・資金などのリソースに制約がある中小企業においては、人権リスクに応じた対応を徹底することが効果的です。ただし、このようなリスクベース・アプローチの前提としては、企業のいかなる事業やサプライチェーンのいかなる課題についてリスクが高いのかについて、継続的かつ定期的に評価を行っていくことが不可欠です。

3　外部のリソースを積極的に活用する

　中小企業においては、企業内部のリソースが限定されている以上、企業外部のリソースを積極的に活用することも重要です。

　実務的なガイダンス・書籍や外部の研修などを通じて人権DDに関する知識やノウハウを学ぶことが有益です。なお、中小企業向けの人権DDのガイダンスとしては、国際経済連携推進センター「中小企業のための人権デュー・ディリジェンス・ガイドライン～持続可能な社会を実現するために～」[29]や欧州委員会「My business and human rights: A guide to human rights for small and medium-sized enterprises（私のビジネスと人権：中小企業向け人権ガイド）」[30]が参考となります。

　また、外部専門家に相談をすることも有益です。ただし、その場合、人権DDに関して正確に理解したうえで、中小企業の実情をふまえた現実的な解決策を提示してくれる専門家に相談をする必要があります。相談を受けた専門家もそのようなアドバイスができるように心がける必要があります。

4　独自の取組みを推進・発信し、外部とつながる

　中小企業においては、特に重視している人権尊重の取組みがある場合には、それを積極的に推進し外部に発信していくことが、役職員のモチベー

29　https://www.cfiec.jp/jp/pdf/gsg/guideline-20220215.pdf

30　https://ec.europa.eu/docsroom/documents/10375/attachments/1/translations/en/renditions/pdf

ションを高め、また外部のステークホルダーとつながる観点からも重要です。

　上述のような重点的な取組みを特定するにあたっては、一般的・抽象的な取組みよりも、企業の経営理念、事業活動、活動地域に関連し、ステークホルダーへの貢献が目に見えやすい独特かつ具体的な活動を取り上げることが有益です。このことにより、取組みがより多くの関係者の注目を集め、外部のステークホルダー等との対話・連携が容易になります。

　中小企業においては、人権DDについて十分な取組みができている場合は多くないかもしれません。しかし、ステークホルダーからの指摘に学び、取組みを改善していく真摯かつ謙虚な姿勢を貫くことができれば、自社の独自の取組みについて積極的な評価を受けつつ、人権DDについて徐々に底上げを図っていくことも可能となります。

　たとえば、裁断縫製メーカーである平野ビニール工業株式会社は、多文化共生の観点から外国人労働者の人権尊重のコミットメントを明確にすることにより、静岡銀行との間で、ポジティブ・インパクト・ファイナンスの契約を締結しています[31]。

31　https://www.shizuokabank.co.jp/pdf.php/4476/210201_NR.pdf

顧客・発注者である大企業からの要求に対する対応

中小企業が、顧客・発注者である大企業から人権取組みに関する調査の実施、認証の取得や問題の是正を求められた場合、常に対応しなければならないのでしょうか。

A 人権尊重に関する社会要請が高まっている状況下で、中小企業にも人権DDの実施が求められています。顧客からの人権取組みに関する調査、認証の取得、改善の要請に関して合理的なものは対応する必要があります。しかし、調査や認証取得に過大な費用がかかる場合にそれを中小企業のみに一方的に負担を強制することは、独占禁止法や下請法の違反となる場合もあります。特に、人権侵害が生じている原因の一部が大企業にもあるにもかかわらず、大企業が是正措置やそのための費用負担を中小企業に一方的に強制する場合には独占禁止法や下請法の違反の問題があるほか、大企業の人権尊重に関する対応としても適切ではありません。これらの場合には両社が対話を通じて協力しながら調査や是正を行うことが重要です。

1 人権尊重に関する社会的要請の高まりをふまえた対応の必要性

人権尊重に関する社会的要請が高まっており、Q35で解説したとおり、中小企業にもその規模にかかわらず、人権への負の影響に応じて人権DDの実施が求められています。

そのため、顧客からの人権取組みに関する調査や改善の要請が、人権への負の影響に応じた人権DDの実施の内容として合理的な限り、原則として対応する必要があります。

このような中小企業の対応は、自社が人権尊重責任を果たすとともに、顧客からの信頼を確保し、企業価値を向上する観点からも重要です。

2　調査・認証取得コスト負担の強制に関する問題点

しかし、人権取組みに関する調査は、特にサプライチェーンなどの取引先に関するものの場合には調査に多額の費用がかかる場合があります。認証の取得も同様です。人権への負の影響が大きいとはいえないにもかかわらず過大な調査や認証の取得のコスト負担を強制することは公正とはいえません。

また、たとえ調査自体が合理的であっても、サプライチェーンなどの取引先の調査の実施は、サプライヤーである中小企業と顧客である大企業の双方にとって利益となるものかもしれません。それにもかかわらず、中小企業のみにその費用や労力を負担させることは、不公平な場合があります。

これらの場合には、下請法上禁止される「買いたたき」や独占禁止法上禁止される「優越的地位の濫用」に該当するリスクがあります。公正取引委員会も、製造業者が部品等の納入業者に対し認証取得を要請した場合に、認証取得費用を考慮することなく、従来と同種または類似の給付に対する下請代金につきこれを従来と同等程度の金額とすることを製造業者が一方的に決定する場合には、下請法が禁止する買いたたきに該当し違反となるおそれがあることを注意喚起しています。また、納入業者に対し優越的地位にある場合に、認証取得に費用を要するため納入業者が代金の額の引上げを求めたにもかかわらず、製造業者が費用増を十分考慮することなく著しく低い代金を定める場合には優越的地位の濫用に該当することも注意喚起しています[32]。

3　問題是正の一方的要求やコスト負担強制に関する問題点

問題の是正についても、たとえばサプライヤーの中小企業において長時間労働などの問題が生じている場合において、その原因の一部が、発注者であ

32　公正取引委員会「製造業者が部品等の納入業者に対し、品質マネジメントシステム（ISO9001）構築の認証取得を要請すること等について」（2003年10月24日）

る大企業によるリードタイムが少ない状況での注文内容の変更や非常に低廉な価格での発注にある場合には、指導原則のもとでも、当該発注企業も人権への負の影響を「助長」していると評価される場合があります。このような場合、指導原則の原則22に基づいて、当該大企業において是正措置を講じる責任があります。

それにもかかわらず、発注企業が、サプライヤーである中小企業に対し問題の是正を一方的に要求したり、是正のためのコスト負担を中小企業に対して強制したりするのは、人権尊重責任を十分に果たしていないと評価されるリスクもあります。また、2と同様、下請法上禁止される「買いたたき」や独占禁止法上禁止される「優越的地位の濫用」に該当するリスクもあります。

4　発注企業とサプライヤーの対話を通じた協働の重要性

以上のような独占禁止法や下請法上の問題を回避しつつ、効果的に調査や問題改善を行うためには、発注企業とサプライヤー双方がコミュニケーションを重視し、協力しながら人権DDを実施することが重要です。

機関投資家や銀行などの金融機関でも人権DDを実施する必要があるの
でしょうか。

A 金融機関も企業である以上、人権DDを実施する必要がありま
す。特に、金融機関は、投融資先企業の人権への負の影響が存
在する場合には、負の影響を「助長」または「直接つながっている」と
評価される可能性があり、これに対処する必要があります。なお、EU
サステナビリティファイナンス規則（SFDR）やEU企業サステナビリ
ティDD指令案は、金融機関に対し、投融資を通じた人権DDまたはそ
の開示を要求する内容となっています。

1 投融資を通じた人権への負の影響のリスク

金融機関は、投融資先企業との取引関係（インベストメントチェーン）を通
じて、人権への負の影響を及ぼす可能性があり、これに対する対処が求めら
れています。

国連人権高等弁務官事務所（OHCHR）は、2013年に「金融セクターに対
する指導原則の適用に関する助言」[33]、2017年に「銀行セクターに対する指
導原則の適用に関する助言」[34]を公表しています。これらの助言において、
投資家および銀行は、投融資先企業における人権侵害に関して、「助長」ま

---

[33] OHCHR response to SOMO on the application of the UNGPs to minority
shareholdings of institutional investors（2013）

図表2－12－1　銀行におけるESGリスク管理とDDの比較

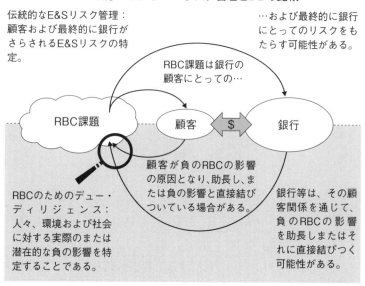

伝統的なE&Sリスク管理：顧客および最終的に銀行がさらされるE&Sリスクの特定。

…および最終的に銀行にとってのリスクをもたらす可能性がある。

RBC課題は銀行の顧客にとっての…

RBC課題

顧客

$

銀行

RBCのためのデュー・ディリジェンス：人々、環境および社会に対する実際のまたは潜在的な負の影響を特定することである。

顧客が負のRBCの影響の原因となり、助長し、または負の影響と直接結びついている場合がある。

銀行等は、その顧客関係を通じて、負のRBCの影響を助長しまたはそれに直接結びつく可能性がある。

（出典）　OECD「責任ある企業融資と証券引受のためのデュー・ディリジェンス」和訳15頁

たは「直接つながっている」いずれかの関係を有していると評価される場合があり、それぞれの関係に応じた対応が求められると説明しています。

2　ESGリスク管理と人権DDの比較

　金融機関は、ESG投融資を拡大しており、投融資先企業のESGに関するリスクを管理する実務も定着しています。しかしながら、従来のESGリスク管理と人権DDは違いがあることに注意が必要です。

　図表2－12－1は銀行におけるESGリスク管理と人権DDを比較した図表です。上側に記載があるとおり、ESGリスク管理は、環境・社会課題が融資

34　OHCHR response to request from BankTrack for advice regarding the application of the UN Guiding Principles on Business and Human Rights in the context of the banking sector（2017）

先の顧客、ひいては銀行自体に及ぼすリスクを管理するものです。

これに対し、人権DDは、図表の下側に記載があるとおり、銀行が、融資先の顧客を通じて及ぼす、人権への負の影響を評価・対処するものです。

3　関連する法規制

EUでは、金融機関の投融資先を通じた投融資を通じた人権DDまたはその開示を要求する法規制が導入されています。

EUサステナブルファイナンス開示規則（SFDR）[35]は、機関投資家等に対し、組織レベル（ウェブサイト）および金融商品レベル（契約締結前交付書面および定期報告書面）双方において、投資がサステナビリティに及ぼす主な負の影響（Principal Adverse Impact：PAI）に関しても開示が求められています。

サステナブルファイナンスの対象となるサステナブルな投資活動を分類するEUタクソノミー規則[36]でも、最低限のセーフガード（指導原則・OECD多国籍企業行動指針）を遵守していることを要求しています。

さらに、2022年に欧州委員会が提出した企業サステナビリティDD指令案では、投融資の取引関係を含む「バリューチェーン」を通じて人権DDを要求する内容になっています。

35　Regulation（EU）2019/2088 on sustainability‐related disclosures in the financial services sector
36　Regulation（EU）2020/852 on the establishment of a framework to facilitate sustainable investment, and amending Regulation（EU）2019/2088

Q 39 機関投資家の人権DDにおける留意点

機関投資家は、投資先企業を通じた人権リスクを評価・対処するための人権DDをどのように実施することが効果的ですか。

A OECDのガイダンス「機関投資家の責任ある企業行動」[37]は、機関投資家が投資ポートフォリオにおいて効果的に人権DDを実施するための手引を示しており、参考となります。同ガイダンスも、基本的に、機関投資家に対し、人権DDに関連する6つのステップ（第1のQ2参照）に沿って、人権DDを実施することを推奨しています。ただし、以下のとおり、投資家特有の課題に対処するための工夫やアセットクラス・投資戦略別の考慮事項についても説明しています。

1 負の影響の評価における留意点

多くの投資家は大規模な投資ポートフォリオをもっているため、投資先企業の人権リスクを継続的に特定することは非常に困難であること、また投資家は、投資先企業の人権リスクに関する情報と隔たりがあり、その入手が困難であるという課題があります。

このような課題を克服するために、OECDガイダンスは、リスクベース・アプローチを適用し、大規模なポートフォリオを有する投資家が最も重大な負の影響のリスクがある一般的領域を特定するというスコーピング（範囲確定作業）を実施することを推奨しています。そのうえで、重大なRBCリスクがある投資先企業に対して、より詳細な調査を実施すべきとしています。

フォローアップや追加の事実調査の方法として、以下をあげています。

---

37 和訳は、https://www.env.go.jp/content/900495908.pdfに掲載。

投資家自身のデスクリサーチ、専門的な調査サービス・共同のデータベース・エンゲージメントテクニックの利用、直接のエンゲージメントの実施（たとえば、投資先企業に対する、特定の情報の提供、アンケートへの回答、現地視察などの要請）、PRIコラボレーション・プラットフォームなどを通じた共同エンゲージメントです。

また、OECDガイダンスは、図表2-12-2のとおり、アセットクラスや投資戦略に応じて、負の影響の評価における考慮事項を整理しています。

2 負の影響の防止・軽減における留意点

機関投資家は、投資先企業に対するエンゲージメントを通じて、人権への負の影響を防止・軽減するために影響力を行使することが求められています。

OECDガイダンスは、人権DDにおける影響力の行使は、機関投資家のスチュワードシップ活動を通じたエンゲージメントや議決権行使とも類似していることを指摘しています。そのため、既存のスチュワードシップ活動に関連づけて影響力を行使することも考えられます。ただし、スチュワードシップ活動は、一般に、負の影響の防止・軽減よりもむしろ、株主への長期的なリスク調整後リターンの向上を目的としている点で、人権DDと目的が異なることへの留意が必要です。

OECDガイダンスは、機関投資家が投資先企業に対して有する影響力に限界もあることも指摘しています。大規模な機関投資家であっても多くの企業で少数株主であることが多い状況にあります。アセットクラスの特性によって影響力を行使する能力を限定される場合があります。たとえば、債券投資は、株式投資とは異なり、議決権を行使することができません。

このように影響力を限定されている場合には、たとえば他の投資家と共同してエンゲージメントを行うなどして影響力を強化することが考えられますが、それでもなお、投資先企業の状況が変わらない場合には、投資引揚げおよび除外を検討する必要があります。

図表２－12－２　負の影響の評価におけるアセットクラス・投資戦略別の考慮事項

| | 上場株式 | | 債券 | | プライベートエクイティ、不動産、インフラ | |
	アクティブ	パッシブ	社債	国債	ファンド	直接投資
投資前	RBCリスクを特定するための調査を実施し、リスクの深刻性に応じて優先順位付けする。	RBC情報の必要性およびRBCリスク予想についてインデックスプロバイダーと協議することを検討する。	RBCリスクを特定するための調査を実施する。		LP*：ファンドに委託する前、ファンドマネージャーに関するデュー・ディリジェンスにRBCリスクを含める。GP**：RBCリスクを特定するため、投資に先立ち個別企業に関する調査を実施する。	RBCリスクを特定するための調査を実施する。
投資後	リスクベースアプローチを用いて、公開市場ポートフォリオ全体（上場株式、上場債券、アクティブ・パッシブを問わない）を定期的にスクリーニングし、顕在化したRBC課題を特定する。さらなるエンゲージメントを通じて、ポートフォリオにあるRBCリスクの高い企業を特定しさらに精査する。	リスクベースアプローチを用いて、インデックスまたは投資商品に含まれる市場ポートフォリオ（上場株式、上場債券、アクティブ・パッシブを問わない）を定期的にスクリーニングし、顕在化した一般的RBC課題を特定し、フォローアップのための優先順位付けを行う。	リスクベースアプローチを用いて、インデックスまたは投資商品に含まれる市場ポートフォリオ（上場株式、上場債券、アクティブ・パッシブを問わない）を定期的にスクリーニングし、顕在化した一般的RBC課題を特定し、フォローアップのための優先順位付けを行う。		LP：GPの継続的監視にRBCリスクを含める。GP：ポートフォリオ内の企業の継続的監視にRBCリスクを含める。	投資の継続的監視にRBCリスクを含める。

*LP（Limited Partner）：未公開株式、不動産、インフラのファンドのアセットオーナーあるいは最終投資家を指す。
**GP（General Partner）：ファンドを運用する事業体であり、投資のために企業または資産を選択し、継続的に投資の状況を監視する。（これら様々な行動主体の役割に関する追加的な説明については、附属書３を参照）
（出典）　OECDガイダンス「機関投資家の責任ある企業行動」和訳31頁

また、OECDガイダンスは、図表2−12−3のとおり、アセットクラスや投資戦略に応じた、負の影響の防止・軽減における考慮事項を整理しています。

図表2−12−3　負の影響の防止・軽減におけるアセットクラス・投資戦略別の考慮事項

	上場株式		債券		プライベートエクイティ、不動産、インフラ	
	アクティブ	パッシブ	社債	国債	ファンド	直接投資
投資先企業とのエンゲージメント	個別および／または共同の、適切な場合には強化された、必要であれば長期にわたる、エンゲージメント	個別および／または共同の、投資先企業とのエンゲージメント	個別および／または共同の、影響を及ぼす正式な権限を欠くことを考慮した、エンゲージメント	個別および／または共同の、影響を及ぼす正式な権限を欠き個別の投資家が政府に影響を及ぼす可能性は限られていることを考慮した、エンゲージメント	ジェネラルパートナーによるエンゲージメント	エンゲージメント
投資引き揚げ	エンゲージメントが失敗した場合に投資引き揚げを検討する。	深刻な影響がある場合にインデックスからの投資引き揚げが実際上可能かどうかを検討する。特定されたRBCリスクを回避するために特別に適合したインデックスに再投資する。	深刻な影響の場合に、実際上可能であれば投資引き揚げを検討する。			
ビジネス上の関係	エンゲージメントが失敗し、かつ投資引き揚げが不可能または不適切と判断された場合、投資し続けることの根拠を適切な水準の詳しさで説明する。					
公共政策への影響	RBC問題に関する公共政策に影響を及ぼす個別および／または共同の活動（企業の情報開示、国際的規範や基準など）を通じて、積極的なエンゲージメントを行う。					

（出典）　OECDガイダンス「機関投資家の責任ある企業行動」和訳42頁

銀行の人権DDにおける留意点

銀行は、融資先企業を通じた人権リスクの評価・対処するための人権
DDをどのように実施することが効果的ですか。

A OECDのガイダンス「責任ある企業融資と証券引受のための
デュー・ディリジェンス」[38]は、銀行等が企業融資等の取引の
場面でDDのプロセスを実施するための手引を示しており、参考となり
ます。基本的に、銀行に対し、人権DDに関連する6つのステップ（第
1のQ2参照）に沿って、人権DDを実施することを推奨していますが、
以下のとおり、銀行特有の留意点も説明しています。また、プロジェク
トファイナンスの場面では、赤道原則が人権DDの要素を組み込んでお
り、これを参照することが有益です。

1 企業融資における留意点

　OECDガイダンスは、以下のとおり、人権DDに関連する6つのステップ
に沿ったDDの実施方法を解説するなかで、銀行特有の留意点も説明してい
ます。

⑴ 負の影響の評価

　OECDのガイダンスは、銀行が、負の影響を評価するにあたって、融資先
の顧客に関して、2段階のスクリーニングを実施することを推奨していま
す。

　1段階目のスクリーニングは、顧客から提供された情報および独立した調
査に基づいて、顧客ポートフォリオ全体のなかで最も重大なリスクの領域を

38　和訳は、https://www.env.go.jp/content/900495907.pdfに掲載。

特定することです。

2回目のスクリーニング（厳格な特定）では、顧客とのエンゲージメントや独立した調査（機関）、NGO、ステークホルダーなどの追加の情報源に基づき詳細な評価を実施することです。この厳格な特定には、銀行の環境・社会リスク部門が関与することが多いと指摘しています。

さらに、早期警報システムとしてグリーバンスメカニズムを整備することは、銀行がスクリーニングプロセスと定期的なレビューの枠外でリスクを特定するのに役立つことも指摘しています。

(2) 負の影響の防止・軽減における留意点

銀行は、負の影響を防止・軽減するために、負の影響を生じさせている融資先の顧客に対し、さまざまな方法で影響力を行使することが求められます。

OECDのガイダンスは、銀行が融資先の顧客に対する影響力の行使にあたって、契約書を活用することが有益であることを明確にしています。すなわち、影響力を行使する銀行の能力は、通常、融資実行前のほうが大きいため、銀行等は、特に高リスクの顧客に関して、融資条件として、人権尊重を含む責任ある企業行動に関する期待事項を契約書およびその他の書面による文書に含めることによって影響力を高めることができることを指摘しています。負の影響を防止・軽減しなければ、一定の状況下では、契約条件として顧客との関係の解消を検討すること、または、将来的に銀行からの融資が妨げられる可能性があることを顧客に伝えることも考えられます。

銀行が、顧客に対し、影響力を行使しても状況が改善されない場合は、取引を解消することも考えられます。ただし、OECDガイダンスは、銀行は、明示的に融資契約に規定されている場合を除いて、融資の実行を一方的に停止し、または融資の繰上返済を要求することはできないため、特定の状況における顧客との関係の解消には、将来における顧客への追加的なサービスの提供を回避することが含まれうることに言及しています。

2　プロジェクトファイナンスにおける留意点

　特に大規模なプロジェクトに融資を行うプロジェクトファイナンス等においては環境・社会に対する負の影響が生じる場合が多いことをふまえ、銀行がプロジェクトにおける環境・社会リスクを特定、評価、管理するための基準として、「赤道原則（Equator Principles）」が策定されています[39]。2022年12月時点で、38カ国の138金融機関が採択しています。

　赤道原則は、以下の10の原則から構成されており、指導原則に基づくDDの要素も組み込んだものとなっており、プロジェクトファイナンスにあたってはこの原則を参照しながら人権DDを実施することが有益です。赤道原則を採択した金融機関には、遵守状況に関する報告が求められています。

原則 1 ：レビュー、およびカテゴリーの付与（A～C）

原則 2 ：環境・社会アセスメントの実施

原則 3 ：環境・社会基準の適用

原則 4 ：顧客に対する環境・社会マネジメントシステムの整備とエクエーター原則／赤道原則アクションプランの策定

原則 5 ：ステークホルダー・エンゲージメントの実施

原則 6 ：グリーバンス（苦情処理）メカニズムの整備

原則 7 ：独立した環境・社会コンサルタントによるレビューの実施

原則 8 ：誓約条項（コベナンツ）の導入

原則 9 ：独立した環境・社会コンサルタントによるモニタリングと報告の検証

原則10：情報開示と透明性確保

---

[39]　https://equator-principles.com/app/uploads/EP4_Japanese.pdf

第 3 章

個別の人権課題と
人権デュー・ディリジェンス

Q 41 　　**技能実習制度に関する人権リスク**

当社の国内サプライヤーは技能実習生を雇用しています。技能実習制度は海外からも批判されているとのことですが、どのような点が問題なのでしょうか。

 　　制度上、雇用主を変更することが困難であることや、送出し機関から多額の手数料を徴収され、借金を背負って来日しているケースもあることから、強制労働につながりかねないと指摘されています。

1　技能実習制度の問題点

　技能実習制度は、「人材育成を通じた開発途上地域等への技能、技術又は知識の移転による国際協力を推進することを目的とする」とされています（技能実習法[1] 1条）。しかし、現実には、日本の深刻な労働力不足を補うために、非熟練労働者を受け入れる制度として機能してきたことが問題になっています。指摘されている問題の1つは、入国後3年間は技能を同一の雇用主のもとで一貫して習得するとの名目で、雇用主変更を制限しているため、原則として転職の自由がないことです。

　また、国際労働基準では、雇用のあっせんに係る手数料や費用を労働者から徴収することは禁止されています[2]。日本法でも、監理団体は、実習生の

1　外国人の技能実習の適正な実施及び技能実習生の保護に関する法律

母国（送出し国）にある機関（送出し機関）が保証金を徴収するような契約を締結していないことを確認することとされています[3]。しかし、実際には送出し機関による保証金の徴収や、送出し国の法令の規定を超える高額な手数料徴収の事例が後を絶ちません。カンボジア等、労働者に負担させる費用の上限額が法律で定められていない国もあります。そのため、技能実習生が高額の債務を負担して来日し、過酷な労働条件下に置かれても実習制度から抜け出せない事態に陥ることがあるのです。

2　国際社会からの批判

毎年公表される米国国務省の人身取引報告書は、日本の技能実習制度を継続して取り上げています。2022年7月に公表された人身取引報告書は、技能実習制度下での強制労働の報告は日本政府の認知件数よりも多いことや、日本政府と送出し国との覚書では、送出し機関による技能実習生からの過剰な手数料徴収を実効的に防止できていないことを指摘しました。

また、ILO（国際労働機関）の条約勧告適用専門家委員会は、日本が批准した強制労働廃止条約（29号条約）の実施状況を審査した際に、技能実習制度の過酷な慣行や労働条件が強制労働に匹敵する状態にならないよう十分確保する措置をとることを、日本政府に対し強く促しました（2018年）。国連人権理事会も、普遍的定期的審査において、日本政府に対し、技能実習制度に対する労働監督の強化を勧告しています（2017年。次回は2023年に予定）。

3　日本企業の取組事例

技能実習制度に関して人権DDを実施している例として、大成建設では、下請企業に対して「外国人技能実習生受入アンケート」を実施し[4]、概要、

2　ILO・1997年の民間職業仲介事業所条約（第181号）、ILO「公正な人材募集・斡旋に関する一般原則及び実務指針ならびに募集・斡旋手続き料及び関連費用の定義」（日本語版、2020年）

3　技能実習法施行規則52条。

以下のような質問項目について確認しています。

・パスポートや在留カードを預かり、保管していないか。

・スマートフォンの所持を禁止していないか。

・外出制限をしていないか。

・送出し機関から保証金等を徴収されていないか確認しているか。

・指導計画で定めた指導員を配置しているか。

・労働基準監督署や外国人技能実習機構から是正勧告・指導を受けていないか。

・報酬について、同等の技能を有する日本人と比較して不当な差別をしていないか。

・割増賃金を適正に支払っているか。

　雇用環境に関する質問事項に加えて、下記のような生活上の配慮まで雇用主である下請先に質問していることが特徴的です。これは、技能実習生は、もともと日本に生活基盤がなく、居住環境などの生活面まで雇用主に依存せざるをえないことから、生活面でも人権侵害が起きる可能性があることによります。

・住環境に著しい不備はないか。

・寝室には冷暖房設備を設置しているか。

・防火体制について周知しているか。

・近隣住民とのトラブルはないか。

　また、アサヒホールディングスでは、グループ会社の食品工場を対象に、技能実習生40名の労働実態調査を行い、母国語によるヒアリングを実施しました。さらに、ヒアリングをふまえて、労働安全衛生上の注意事項や社内規程を母国語にしたり、工場の装置の操作上の注意事項を母国語で掲示したりする等の取組みを行いました[5]。

　アサヒホールディングスの例は、グループ会社で雇用する技能実習生に関

4　大成建設株式会社「外国人技能実習生受入アンケート」（csr_ank.pdf (taisei.co.jp)）。直近では2020年に実施。

するヒアリングです。サプライヤーが技能実習生を雇用している場合、この取組みを応用して、サプライヤーに対しても同様の労働実態調査を進めることが考えられます。

---

5 「アサヒグループ・サステナビリティデータブック（2022年6月）」（databook_jp.pdf（asahigroup-holdings.com））97頁。

Q42 サプライチェーンにおける外国人労働者の人権問題への対応

当社では技能実習生などの非熟練外国人労働者を雇用していないのですが、当社のサプライヤーなどの取引先に技能実習生などを雇用している企業があることが判明しました。このような場合、外国人労働者の人権侵害のリスクにどのように対処すればよいでしょうか。

 技能実習生を含む外国人労働者の雇用に関する自社の方針・基準を策定し、サプライヤーに遵守を求めるとともに、サプライヤーに雇用されている技能実習生の労働環境を調査・確認します。もし課題がある場合には、サプライヤーに働きかけ、協働しながら雇用環境を改善していくことが期待されています。

サプライヤーにおいて人権侵害が発生した場合には、サプライヤーの労働組合や労働者代表との対話・協議を行い、被害労働者の救済に努めるとともに、再発防止のための方策を、サプライヤーに働きかけながらとることが必要です。

技能実習生を直接雇用していない場合であっても、サプライチェーンを通じた人権DDの実施の一環として技能実習制度の問題に取り組むことが期待されています。たとえば、以下のような行動をとることが考えられます。

① 外国人労働者の労働環境の改善に関する項目を規定したうえで、サプライヤーに対してかかる方針・基準の遵守の要請を行うこと。

② 重点的に法令遵守・人権尊重の状況に関して調査を行えるよう体制を整え、同体制のもと、調査を実施すること。

③ サプライチェーンにおける外国人労働者およびその支援者も対象として苦情申立てや問題提起を受け付ける、苦情処理・問題解決窓口を設置すること。

④　外国人労働者、支援する労働組合やNGOと対話・協働し、外国人労働者の権利に関する認識を高めること。

⑤　サプライヤーに対し、外国人労働者の権利に関する情報提供を行い、研修に協力する等の支援を行うこと。改善すべき点については、対話・協働を心がけ、改善のためのコストの負担についても検討すること。

　以上の点は、著者らが運営委員を務めるビジネスと人権ロイヤーズネットワーク、外国人労働者弁護団、外国人技能実習生問題弁護士連絡会が協議のうえ策定した、「サプライチェーンにおける外国人労働者の労働環境改善に関するガイドライン（サプライチェーン外国人労働者ガイドライン）」（2020年8月）および実践ハンドブック（2022年10月）[6]にも詳説されています。このガイドラインおよび実践ハンドブックは、労働者側、使用者側、市民社会側の弁護士がそれぞれの立場を超えて協議し、さまざまな視点のバランスをとりながら策定したことに大きな意義があります。サプライヤーに示すべき調達方針の例も記載されていますので、ぜひご参照ください。

6　https://www.bhrlawyers.org/migrantworkers

第**2** ジェンダーと人権

Q 43 日本におけるジェンダーに関する優先課題

日本は2022年のジェンダー・ギャップ指数が156国中116位とのことです。当社は管理職への登用目標を掲げ、「女性活躍」に取り組んでいます。今後の優先課題は何になるのでしょうか。

A 　日本の男女賃金格差はOECD先進国と比較しても大きい実情があります。中核的労働基準を遵守しているといえるためには、男女賃金格差の問題に取り組んでいく必要があります。

1　国際社会からみた日本のジェンダーの課題

　国連の専門機関であるILO（国際労働機関）は、加盟192カ国の政府、使用者、労働者の三者で構成されており、条約・勧告等の労働基準を採択しています。なかでも結社の自由、児童労働の廃止、強制労働の廃止、差別の撤廃、労働安全衛生の5分野[7]に関連する基本的な原則は、中核的労働基準と呼ばれており、指導原則において企業が依拠すべき人権と位置づけられています。

　中核的労働基準のうち、差別の撤廃は、ILOの男女同一価値労働同一賃金に関する100号条約と雇用・待遇における差別に関する111号条約の2つが定めています。日本は、100号条約を批准していますが、男女賃金格差が22.5％[8]と他のOECD先進国と比較すると格差があります。日本における男

7　労働安全衛生は、2022年6月の国際労働総会において追加された。

女賃金格差は、国際社会からみて大きな課題といえるでしょう。

　日本では、労働基準法4条で、「使用者は、労働者が女性であることを理由として、賃金について、男性と差別的取扱いをしてはならない」と規定しています。したがって、まったく同じ職位、経験年数の場合に男女で賃金の差異が設けられることは違法です。しかし、ILO条約が問題とする局面は労働基準法でカバーされている問題にとどまりません。男性が女性より高い職位についているために、あるいは、妊娠・出産に伴う離職により勤続年数が短くなることにより、社会全体において、男性が女性よりも高い賃金をもらっている傾向にあること、その実態を問題としています。そのために、まず、企業内で男女間の賃金格差がどのくらいあるかを把握する必要があるのです[9]。

2　男女賃金格差の開示

　日本では、1999年3月期までは、有価証券報告書で男女別給与の開示が義務づけられていました。単体情報から連結情報の開示と転換した際に、単体情報を簡素化する観点から、男女別給与の開示が義務化されなくなったのです。その後、2012年頃に「資本市場の見える化検討会」によって再び開示が議論されましたが、経済界の反対によって見送られた経緯があります。

　今般、岸田政権は、「女性版骨太の方針2022」を公表し、「新しい資本主義のグランドデザイン及び実行計画」を閣議決定して、男女の賃金の差異を開示する方針を明確にしました。これに伴い、2022年7月に、女性活躍推進法の省令・告示が改正され、常時雇用する労働者が301人以上の大企業は、同

8　2021年で女性の賃金は男性の賃金の77.5%。「共同参画」2022年7月号（内閣府男女共同参画局（gender.go.jp））

9　正確には、100号条約はより広く、社会において、男性と女性の職位が異なること（垂直分離）や、職域・職種が異なること（水平分離）によって、男性と女性の賃金格差が生じることを問題としており、男女の賃金の比較の対象は同一企業内、同一業種内に限定していない。本稿では、わかりやすさを優先して、企業内での男女比較を例にあげた。

法に基づき、男女の賃金の差異（直近の実績）を公表することが義務づけられました[10]。また、2022年6月には、金融庁金融審議会のディスクロージャーワーキング・グループが、金融商品取引法に基づく有価証券報告書に記載する「従業員の状況」に、男女間賃金格差を追加する報告書を採択しました[11]。これを受けて、2022年11月に金融庁が公表した「企業内容等の開示に関する内閣府令」等の改正案では、金融商品取引法に基づく有価証券報告書等においても、男女の賃金の差異の記載を求めることが明らかにされました。

3　中核的労働基準遵守のために

　日本の賃金格差の問題は、ジェンダーの不平等、女性に対する差別の問題として、ILO条約勧告専門家委員会からも度々指摘されています。冒頭に述べたとおり、中核的労働基準には、男女の賃金格差に関するILO100号条約が体現する「差別の撤廃」の原則も含まれています。

　企業が中核的労働基準を遵守しているといえるためには、男女の賃金格差の問題にも取り組んでいく必要があります。

10　法20条1項、同法に基づく一般事業主行動計画等に関する省令19条1号リ。事業年度終了からおおむね3カ月以内とされているため、3月期決算会社の場合、2023年6月末日までが最初の公表時期となる。

11　https://www.fsa.go.jp/singi/singi_kinyu/toshin/20220613/01.pdf

ジェンダー・レンズ

「ビジネスと人権」について調べていたら、「ジェンダー・レンズ」を通して人権課題をみると書いてありました。どういう意味なのでしょうか。

A 「レンズ」のように、横断的にジェンダーの視点を取り入れて人権課題を分析するという意味です。社内方針を策定したり制度を創設したりする際に、ジェンダー平等を組み入れることや、セクシュアル・ハラスメントといった人権侵害の救済において、女性が男性とは異なる影響を受けている事実をふまえる必要があることを指しています。

1 「指導原則とジェンダー・レンズ」

「ジェンダー・レンズ」とは、文字どおり「レンズ」のように、横断的にジェンダーの視点を取り入れて人権課題を分析するということです。

指導原則をジェンダーの視点からわかりやすく読み解くために、国連ビジネスと人権に関する作業部会は、2017年に、「指導原則とジェンダー・レンズ（ジェンダーの視点）」というプロジェクトを立ち上げ、2019年に「ビジネスと人権指導原則のジェンダーの側面」と題する報告書[12]を国連人権理事会に提出しました[13]。

ジェンダー・レンズを通して人権課題に取り組むとは、たとえば、社内方針を策定したり制度を創設したりする際に、ジェンダー平等を組み入れるこ

---

12 https://www.ohchr.org/sites/default/files/Documents/Issues/Business/Gender_Booklet_Final.pdf 政府の人権尊重ガイドラインも脚注でこの報告書に触れている。

13 https://www.ohchr.org/en/special-procedures/wg-business/gender-lens-ungps

とがあげられます。採用や昇進、配置等の人事政策において、ダイバーシ
ティ、エクイティ＆インクルージョンを促進し、重要な意思決定の場に両性
がいることが重要です。ただ、そのようなDE＆Iにとどまらず、育児休業
の制度が男性には利用・取得しづらく、育児に関する性別役割分業を固定化
するような運用になっていないかを全部署において見直したりする等、人事
部だけではなく全社、全部署に関係する問題であるとの意識をもつことがそ
の例です。

2　救済の局面におけるジェンダー・レンズ

　救済の局面でも同様です。たとえば、職場において、ある女性の被害者に
対するセクシュアル・ハラスメントが繰り返されたり継続したりした後に訴
えが起こされた場合、「なぜ被害者は直ちに申告しなかったのか」が取り上
げられることがあります。しかし、非正規雇用労働者に占める女性の割合が
高いという差異があること（たとえば、日本では非正規雇用労働者のうち68％
を女性が占めています[14]）、そのため、とりわけ女性労働者は、雇用継続の不
安から直ちに被害を申告しづらいといった事情をふまえて、セクシュアル・
ハラスメント事案に対処する必要があります。

　つまり、企業がセクシュアル・ハラスメントという重要な人権課題に対処
する場合にも、男性と女性は社会において異なる影響を受けていることをふ
まえなければならないということなのです。なお、上に述べた国連作業部会
の報告書では、「企業は、セクシュアル・ハラスメントについては、ゼロ寛
容であるべき（宥恕することがあってはならない）」としています。

3　日本政府の行動計画とジェンダー・レンズ

　日本政府が2020年10月に採択した「『ビジネスと人権』に関する行動計画
（NAP）」では、横断的事項として、労働（ディーセント・ワークの促進等）、

14　令和４年７月１日総務省統計局「労働力調査（基本集計）2022年（令和４年）５月分」
　　https://www.stat.go.jp/data/roudou/sokuhou/tsuki/pdf/gaiyou.pdf

子どもの権利の保護・促進、新しい技術の発展に伴う人権、消費者の権利・役割、法の下の平等（障がい者、女性、性的指向・性自認等）、外国人材の受入れ・共生をあげています。そして、ハラスメント対策の強化に関する改正法とその履行確保、男女雇用機会均等法に基づく差別の禁止や女性活躍推進法に基づく活躍促進の取組みや成果の共有等に言及しています。

　しかし、残念ながら、ビジネスと人権に関する企業の取組みにジェンダーの横断的視点が重要であるといった指摘や、ジェンダー・レンズに基づく分析のために企業は具体的に何をすればよいのかといった指摘はなされていません。2022年9月に政府が策定した人権尊重ガイドラインでは、脚注において、国連グローバル・コンパクトとUN Womenによる「女性のエンパワーメント原則」に触れ、「企業は、ジェンダー平等の視点も踏まえて人権DDを実施することが重要である」と指摘しています。NAP改定時には、ジェンダー・レンズの考え方が取り入れられることを期待したいと思います。

Q 45 　社会的に脆弱な立場にある人々への影響

コロナ危機で「社会において脆弱な立場にある人々」の存在がより明らかになり、非正規労働の女性や子どもの貧困が増えたと聞きました。日本と海外で共通する問題なのでしょうか。

 コロナ禍は、とりわけ女性や移民労働者の労働環境に影響を与え、児童労働や強制労働といった人権問題の悪化にもつながりました。コロナ危機後の世界において、脆弱な立場に置かれている人々の人権により注目することが求められています。

1　女性の労働に対する影響

　2021年7月、ILOは、「より公正な前向きの立て直し：新型コロナウイルスからの回復の中核における女性の働く権利と就労に関わる権利」と題する報告書を公表しました[15]。新型コロナウイルス感染症拡大に伴うロックダウンの影響を世界的に大きく受けた飲食・宿泊業や製造業には、女性の就労が圧倒的に多く、また女性は多くの場合、非正規雇用により就労していることを指摘しています。無償のケア労働に使用する時間の男女格差や社会保障へのアクセスが限定されていること、暴力やハラスメントの急激な高まりといった要因も、コロナ禍において男性と比較して女性が雇用を維持することをむずかしくしたと述べています。アジア太平洋地域では、コロナ禍で2019

15　https://www.ilo.org/tokyo/information/pr/WCMS_815634/lang--ja/index.htm

年から2020年にかけて男性の就業が2.9パーセント・ポイント減少したのに対し、女性の就労は3.8パーセント・ポイント減少したというのです。

2 移民労働者への影響

国際移住機関（IOM）の移住に関する報告書「世界の移民に関する報告書」[16]は、コロナ禍による移民労働者の「脆弱性の増加」について述べています。移動が制限されたことにより、移民先の国にとどまり、インフォーマルエコノミーや、ロックダウン下で大きな影響を受けているようなセクターで低賃金で雇用されているとしています。移民労働者は、健康保険や失業保険等の社会福祉の対象外にされており、特に不法移民は拘束されたり、送還されたりすることをおそれ、病院に行かない場合もあり、健康への影響があると指摘しました。

3 児童労働や強制労働への影響

児童労働に対する影響も指摘されています。ILOとUNICEFは、2021年6月、「児童労働：2020年の世界推計、動向、前途」と題する報告書[17]のなかで、児童労働に従事する子どもの数が4年前より840万人増えて世界全体で推定1億6,000万人に達したこと、新型コロナウイルスの影響でさらに数百万人が児童労働に陥る危険があると公表しました。同じ時期にILOが公表した報告書「新型コロナウイルス感染症はどのように建設業界における児童労働を加速させたか」[18]では、ウガンダの建設現場を例にあげています。建設業界における労働者の移動が制限され、労働力不足となったこと、世帯収入が減り児童が安価な労働力と考えられたこと等により、児童労働が増加したことを指摘しています。児童労働の禁止を監督する行政機関もコロナ禍の

16　https://publications.iom.int/books/world-migration-report-2022
17　Child Labour: Global estimates 2020, trends and the road forward（国際労働機関ウェブサイト）
18　"How COVID-19 has Accelerated Child Labour in the Construction Sector"（2021年6月）

ロックダウンで閉鎖を強いられ、あるいはコロナ禍への対応を優先せざるをえなかったために、十分に機能しなかったことも一因であると報告書は述べています。

　コロナ禍は強制労働にも影響を与えました。ILOは、2020年10月に公表した「COVID-19の課題と労働における基本的原則及び権利」と題する報告書[19]において、コロナ禍による医療用品や食糧のサプライチェーンの分断により、過去に強制労働の生じやすかった地域での生産・製造に依存せざるをえず、強制労働につながった可能性を指摘しています。同報告書は、特定のセクターに対する需要増加により、企業が公正な採用に関するチェックを緩めてしまったり、認可されていない下請けへの委託に頼ったりすることで、強制労働のリスクが高まったことも指摘しているのです。

---

[19] "Issue paper on COVID-19 and fundamental principles and rights at work" https://www.ilo.org/wcmsp5/groups/public/---ed_norm/---ipec/documents/publication/wcms_757247.pdf

Q 46　コロナ危機の人権DDに対する影響

コロナ危機の前後で、人権DDの内容や手法に違いはあるのでしょうか。

A　コロナ禍のように、社会情勢の変化に応じて、企業が優先して対応すべき人権リスクが変化することは、今後もありえます。そのために人権方針は定期的に見直すことが求められ、人権DDをプロセスとしてとらえ、PDCAサイクルを回しながら取り組んでいく必要があるのです。

1　感染症拡大の人権への影響と企業対応の留意点

Q45でみたように、新型コロナウイルス感染症拡大により、世界的に人権への影響が拡大しました。著者らは、2021年4月、「新型コロナウイルス感染症拡大の人権への影響と企業活動における対応上の留意点」と題する調査報告書[20]を公表し、コロナ危機が子ども・高齢者・女性・障がい者・外国人など、「社会において脆弱な立場にある人々」に与えた影響を詳らかにしました。

2　企業がとるべきアクション

著者が運営委員を務めるビジネスと人権ロイヤーズネットワークは、上記調査報告書をふまえ、2021年4月、「コロナ危機後のより良い社会に向けた革新的かつ責任ある企業行動に関する基本アクション」[21]を公表し、責任あ

---

20 「COVID-19&BHR調査プロジェクト」（ビジネスと人権ロイヤーズネットワークウェブサイト）
21 「COVID-19&BHR基本アクション」（ビジネスと人権ロイヤーズネットワークウェブサイト）

る企業行動の観点から、企業がとるべき措置（アクション）について提言しました。

その内容は、図表3-3-1のとおりです。コロナ危機後の持続可能な社会を構築するために、企業の具体的な行動が期待されているといえます。

図表3-3-1　コロナ危機後に企業がとるべきアクション

1. 影響評価　企業を取り巻くステークホルダーへの新型コロナウイルス感染症拡大の影響を、自社およびサプライチェーンの労働者への影響を含めて、評価する。
2. 安全衛生の確保　労働者に対し、感染防止およびメンタルヘルス維持の観点から、安全衛生措置を見直し、確保する。
3. 雇用の継続　労働者に対し、可能な限り雇用を継続し、休業がやむをえない場合には法律にのっとった休業手当を支給する。雇用の中断・終了その他の不利益処分を検討せざるをえない場合には、労働組合や労働者の代表との対話を通じて、可能な限り、労働者への負の影響の緩和に努める。
4. サプライチェーンへの対応　可能な限り、サプライヤー企業への影響を緩和するための配慮（納期遅れの対応、適切なコスト負担、迅速・柔軟な支払の実施、発注の取消し・変更への対応）を行う。同時に、サプライヤー企業に対して、可能な限り、安全衛生・雇用継続の面で、その労働者への負の影響を緩和するように働きかける。
5. 不安定な労働関係への配慮　外国人労働者、非正規雇用、ギグワーカー、インフォーマル労働者など不安定な労働関係に置かれている労働者が新型コロナウイルス感染症拡大における影響を特に受けやすいことに配慮し、その影響の緩和に努める。
6. 社会的に脆弱なグループへの配慮　労働者であるか否かにかかわらず、子ども・高齢者・女性・障がい者・外国人・性的マイノリティなどの社会的に脆弱な立場に置かれるリスクのあるグループは、新型コロナウイルス感染症拡大における影響を特に受けやすいことに配慮し、特にその影響緩和に努め、また差別・偏見を防止する。
7. 苦情処理・問題解決体制の整備　サプライチェーンの労働者などのステークホルダーからの問題提起・苦情申立てに対し適切に対応し、救済へのアクセスを確保するために、新たな窓口を設置するまたは既存の窓口を強化する。
8. 医療従事者およびエッセンシャルワーカーへの支援・配慮　医療従事者に対して保護具・医療資材その他の物品・サービスを提供するなどの支援を行い、治療薬、ワクチン、医療機器等の製造に係る知的財産権の無償開放や人

材育成のための投資を検討する。医療従事者およびエッセンシャルワーカー（生活必須職従事者）に対する差別・偏見を防止し、そのための取組みを発信する。

9．プライバシーの配慮　政府による感染拡大防止のためのデジタル監視技術の活用を技術的に支援し、または情報を提供する場合は、プライバシーの観点からの検討を行い、プロセスの透明性を確保する。

10．パートナーシップ　新型コロナウイルス感染症がもたらした危機を克服するために、政府、企業、市民社会その他のステークホルダーと連携する。政府に対し労働者等の保護措置を要請するとともに、労働者等に対し政府の保護措置を紹介するなどしてその実施にも協力する。

第4 環境・気候変動と人権

Q 47 環境・気候変動と人権の関係

環境と気候変動は、どのように人権と関係しているのでしょうか。

 清潔で健康的かつ持続可能な環境へアクセスすること自体が重要な人権であり、また環境問題や気候変動によって、生命、健康、住居、食糧、教育といった基本的な人権が侵害されています。また、気候変動に関する取組みにおいても、そのサプライチェーン上で人権リスクが生じることから取組みが求められています。

1 気候変動の人権への影響の拡大

　2021年8月に発表された国連気候変動に関する政府間パネル（Intergovernmental Panel on Climate Change、IPCC）の報告書によれば、気候変動は拡大し、加速し、深刻化しているとされます。度重なる自然災害や熱波、寒波など、気候変動にまつわるニュースを聞かない日はなく、その一つ一つがさまざまな人権への影響を及ぼしています。たとえば、自然災害は多くの命を奪っています。2003年のヨーロッパの熱波では、約7万人が死亡したとされ、2013年にはフィリピンで、少なくとも6,300人が台風により命を落としました。世界保健機構（WHO）は、2030年から2050年の間に、気候変動によって25万人の死者が出ると予測しています。その他、気候変動による熱波や火災による怪我、病気や死亡、食糧不足による栄養失調、また、食品や水を媒介とする疾病のリスクの増加が考えられます。さらに、自然災害や気候変動によって移住を余儀なくされる人々、とりわけ子どものメンタルヘルス

の問題もあります。洪水や山火事といった自然災害や干ばつや浸食、海面水位上昇による強制的な移住は住居に対する権利の侵害です。それによって子どもの教育を受ける権利が十分に保障されない可能性もあります。

2　人権の観点からの気候変動に対する取組みの広がり

このように、気候変動が引き起こす自然災害や生態系の変化は、生命、健康、生計手段といった人々の生活を支えるさまざまな基本的な人権に影響を与えています。だからこそ、気候変動は単なる「環境」の問題ではなく、人権の観点から取り組む必要があります。1992年に採択され、1994年に発効した国連気候変動枠組条約（United Nations Framework Convention on Climate Change、UNFCCC）は、気候変動による人権侵害に対する国家の義務を直接、規定するものではありません。しかし、2008年以降、国連人権理事会では、人権と気候変動に関する決議が度々採択されました。2015年12月、COP21で採択されたパリ協定では、その前文で「締約国が、気候変動に対処するための行動をとる際に、人権、健康についての権利、先住民、地域社会、移民、児童、障害者及び影響を受けやすい状況にある人々の権利」を尊重し、促進し、および考慮すべきことが述べられるなど、気候変動・環境による影響を人権の観点からとらえて取り組む必要性があるとの認識は年々高まっています。そして、指導原則の考えに基づけば、このように人権侵害を引き起こす気候変動への対処は国家の義務であるばかりではなく、事業活動にも関連することから、企業の人権尊重責任の観点からも同様に考えることができます。

2022年7月28日には、第76回国連総会において「清潔で健康的かつ持続可能な環境への権利」[22]を人権と認める決議が賛成161票、棄権8票で採択されました。この決議では国家、国際機関、企業に対して、すべての人にとって健全な環境を確保するための努力を拡大することを求めています。企業も、

22　https://press.un.org/en/2022/ga12437.doc.htm

指導原則を前提に、方針の策定、国際協力の促進、能力強化やグッドプラクティスの共有といった取組みを実施することが求められています。

3　気候変動への取組みによる人権リスク

　また、気候変動に関連する人権への影響は、気候変動に対する取組みのなかでも生じえます。気候変動緩和・適応に向け、企業はさまざまな施策を講じています。しかし、グリーンな社会を目指す事業活動のなかでも、人権リスクは存在します。たとえば、アップル、グーグル、デル、マイクロソフト、テスラは、コンゴ民主共和国のコバルト鉱山における児童労働と関連する人権侵害について、米国で訴訟を通じて責任を追及されています[23]。コバルトは電気自動車のバッテリーなどに使用されるリチウム電池の原料です。気候変動対策として普及が進む電気自動車への需要が急速に高まることが、供給における人権リスクの増加を招くおそれもあります。

23　https://www.businessinsider.jp/post-204357

Q48 気候変動と人権に関する訴訟の動向

各国では、気候変動と人権に関して、どのような法的な判断がなされているのでしょうか。

A 国家と企業の双方の責任を認める判決が各地で出されています。国家は、気候変動や環境に伴う人権侵害に取り組む義務があります。一方で、企業も、指導原則に基づき事業関連による気候変動への加担、それに伴う人権リスクには責任をもって取り組むことが求められます。

1 国家の人権保護義務の観点から

たとえば、2019年12月、オランダ最高裁は、オランダ政府には、欧州人権条約のもと、気候変動防止のため2020年までに1990年比でCO$_2$を25％削減する合理的かつ適切な手段を講じる積極的な義務があり、この義務に違反しているとする判決を出しました。この判決は、気候変動に関する国家の義務を明示した判決として大きな注目を集めました。これに引き続き、2021年、ドイツ連邦憲法裁判所は、現行の気候保護法は2031年以降の削減策が不十分で、将来世代の自由の権利を侵害するとして一部違憲の判断を出しました。また、ポルトガルの若者らが各欧州33カ国政府が必要な排出削減を実施できていないとして欧州人権裁判所に提訴した件に対しては、速やかに審査するよう優先権が付与されました[24]。その後、政府からの答弁と原告の反論とが提出され、2022年6月、17名の裁判官からなる大法廷に回付されその判断が注目されています[25]。

---

24 https://coal.jogmec.go.jp/info/docs/201210_1-2.html
25 https://youth4climatejustice.org

2　企業の人権尊重責任の観点から

　企業に対しても、2021年5月26日に、オランダのハーグ地方裁判所が、英国・オランダ系石油大手ロイヤル・ダッチ・シェル社に対し、2030年までに2019年に比べて、グローバルでのCO_2排出量の45％削減を命じる判決を出しました。日本でも広く報道されましたが、このような結論に至った理由が企業の人権尊重責任との関係では重要です。この判決は、シェル社が温室効果ガス排出量を削減する注意義務を負うとする原告側の主張について、指導原則に従ってこれを解釈し認めています。つまり、気候変動による人権への影響に鑑み、指導原則が求める人権尊重責任は、温室効果ガス排出量を削減する企業の義務を基礎づけると判断されました。この判決は、2022年10月現在、上級審で審理されており、まだ確定していません。しかし、企業の気候変動への取組みを人権の観点から検討し、実施することの重要性を示す判決といえるでしょう。

公正な移行（Just Transition）の意義と対応

脱炭素社会に向けた「公正な移行（Just Transition）」とはどのような概念でしょうか。企業は何をすればよいのでしょうか。

気候変動に取り組むために脱炭素社会を目指すとしても、その過程において新たな人権侵害が生じることがないように、その過程も「公正」である必要があります。企業は、ステークホルダーとの対話を通じて、その人権リスクと求められる取組みを把握し、実現することが重要です。

1　「公正な移行」に向けて必要な取組み

社会の格差を是正しつつ、気候変動の取組みも進めるためのアプローチとして、この「公正な移行（Just Transition）」が至るところで強調されています。地球温暖化への対策を行うなかで、平等で公正な（＝just）方法での脱炭素社会への移行を目指す概念です。気候変動に対する取組みとして、脱炭素社会に向けた産業の転換が求められていますが、その取組みのなかでさらなる人権リスクを生じさせることがあってはなりません。

人権も含む企業のサステナビリティへの取組みに関するベンチマークを発表しているWorld Benchmarking Alliance（WBA）[26]は、2021年、企業のJust Transitionに対する取組みについて報告書[27]を発表しました。2018年に発足したWBAは、社会と世界経済をより持続可能なあり方に導くために必

26　企業の人権に関する取組みのベンチマークの1つである、Corporate Human Rights Benchmark（CHRB）もこのイニシアチブの1つとなっています。

27　https://www.worldbenchmarkingalliance.org/research/2021-just-transition-assessment/

要な金融、脱炭素とエネルギー、食糧と農業、社会といった7つのテーマに関して世界で影響力のある2,000社の取組みを評価し、サステナブルな社会への移行を促進することを目的としています。WBAは、ここ数年、Just Transitionに関する指標のコンサルテーションを行い、その結果に基づき、企業の取組みを評価しています。WBAは、公正な移行を企業が促進するために必要な取組みとして、以下の6つの分野を提示しました。

1．公正な移行における社会対話とステークホルダー・エンゲージメント
2．公正な移行のための計画
3．グリーンでディーセントな仕事の創出
4．人材の確保と再雇用、および／またはスキルアップ
5．公正な移行のための社会的保護と社会的影響のマネジメント
6．公正な移行のための政策と規制のためのアドボカシー

　2022年に開催されたCOP27の成果文書も、「実施―公正な移行への道筋」として、社会対話に基づく公正な取組みに向け、作業計画の策定とその一環として閣僚級会合を年次開催することを決定しました。

2　企業の取組みに対する現在の評価

　上記の報告書では、180社の企業の取組みに対する評価が示されましたが、「低炭素社会への移行を行っているとしても、『公正な』移行に取り組んでいる企業は全体的に少数である」と指摘されています。そして、公正な移行に向けて企業と政策立案者が早急に取り組む必要があること、それなくしては、労働者や地域社会が取り残されるだけでなく、生活を脅かされている労働者や地域社会の市民の不安により、社会変革全体が損なわれる危険性があると述べています。

　日本企業も、石油・ガス、電力、自動車会社など合計16社が評価対象となっていますが、16点満点中、最高点は3点という結果でした。とりわけ、上記の6分野のうち、5と6はすべての企業が0点と、その取組みが急務であることをあらためて示しました。さらに報告書によると、公正な移行が企

業の人権尊重に基づくものである必要がある一方で、180社中、指導原則によって求められる人権DDを実施しているのは12社のみでした。これは、公正な移行と人権尊重の取組みのつながりを意識した取組みが不十分であることを示しています。

テクノロジー・AIと人権

Q 50 テクノロジーの利活用と人権リスク

技術発展によるテクノロジーの利活用と人権リスクとのかかわりについてどのような指摘がされているのでしょうか。

A テクノロジーはその活用のあり方によっては人種差別の助長、プライバシーの侵害、そしてそれに伴う表現の自由、平和的な集会、結社の自由といった基本的人権の侵害につながるおそれがあります。

1 テクノロジーと人権DD

　AIや顔認証など、私たちの生活を便利にするテクノロジーですが、他の製品やサービスと同様に、その利用が人権リスクの原因となる可能性もあります。したがって、いずれの技術についても、その開発の段階から人権に関するリスクを考える必要があります。技術それ自体が直ちに人権リスクに結びつくものではなく、その活用のあり方が課題となります。また、テクノロジーに関する人権リスクの態様は、技術利活用の場面における人権侵害と、デジタルプラットフォームにおける人権侵害などさまざまです。

　国連人権高等弁務官事務所（OHCHR）は、2020年に、「人種差別とデジタルテクノロジーに関する人権の観点からの分析」[28]という報告書を発表しました。そのなかで、指導原則による企業の人権尊重責任を果たすための人権

---

28 https://www.ohchr.org/EN/HRBodies/HRC/RegularSessions/Session44/Documents/A_HRC_44_57_AdvanceEditedVersion.docx

DDの重要性を強調しました。特に、人権DDは、「新製品のコンセプト立案、設計、テストの段階だけでなく、それらを支える基礎的なデータセットやアルゴリズムにも適用されるべき」と指摘しています。

2　デジタル社会における人権リスク

また、プラットフォームを提供するソーシャルメディアでは、人種や性別に対する差別が助長されるような言説が流布されることもあります。ヘイトスピーチに関連して、表現の自由に関する国連特別報告者デビッド・ケイ氏は、「国や企業は、『ヘイトスピーチ』が次の『フェイクニュース』になるのを防げずにいる」と述べ、「企業も同様に、人権を尊重する責任を真剣に受け止めていない」として、「憎悪に満ちたコンテンツが拡散するのは企業のプラットフォームであり、注目度やバイラリティを重視するビジネスモデルやアルゴリズムツールによって加速されている。企業は、人権に多大な影響を与えているにもかかわらず、国連ビジネスと人権に関する指導原則で求められているような、人権法に根ざした方針を明確にしていない」と批判しました。

国連総会は、2016年12月19日、「デジタル時代におけるプライバシーの権利」[29]の決議を採択しました。本決議では、デジタル時代におけるプライバシーの権利侵害および濫用が、とりわけ女性や子ども、また脆弱な、あるいは周縁化された人々を含むすべての個人に影響を及ぼすことを指摘しています。そのうえで、プライバシーの権利は、表現の自由や平和的な集会および結社の自由といった基本的な人権の実現であり、民主社会の基盤であることを強調しています。

利用者が自己の情報提供に対して同意をしたとしても、その同意が真意に基づくものであるとは限らないことから、EUでは、GDPR（EU一般データ保護規則）において、同意取得の方法についても厳格な要件を定めるなど、個

29　https://www.unic.or.jp/files/a_res_71_199.pdf

人のプライバシー保護に向けた厳格な政策が進められています。

　デジタル社会では、個人の情報が意図されずに利用され、その結果、人権侵害が起きることもあります。企業としても、自社事業における個人情報の利用のあり方はもちろんのこと、ユーザーによる技術や情報の濫用といったバリューチェーンの下流における人権リスクにも十分に留意することが重要です。

テクノロジーによる人権リスクの顕在化の例

テクノロジーによる人権リスクの顕在化の例として、どのようなものが
あるでしょうか。

A AIによる既存の差別を助長するおそれによる商品開発の中止
や、個人情報の流出といった事案が報告されています。テクノ
ロジーによる利便性と表裏一体で、そのリスクを十分に考慮することな
く商品開発や運用を行うことが、基本的人権の侵害につながるおそれが
あることが明らかになっています。

1 AIによる人権リスク

　たとえば、アマゾンは、2018年、AIを活用した人材採用システムが女性
に対する差別という現存する差別を改善することができないことを理由に、
その運用を取りやめることを決定しました。同社は、2014年から履歴書を審
査し優秀な人材を発掘する仕組みの開発を行い、AIによる採用システムに
よって5点満点でのランクづけを検討していました。しかし、特にソフト
ウェア開発といった技術関係の職種において、性別が影響することが明らか
になりました。10年間で提出された履歴書のパターンが教師データとして利
用され、そのほとんどが男性からの応募だったことから、システムは男性を
採用することが適していると認識してしまったのです。さらに、大学名を含
む、女性に関する単語の履歴書への記載によって評価が下がる傾向も出ま
した。アマゾンとしては、このような特定の項目についてプログラムを修正し
たものの、他の差別が助長されないかどうかを保証できないことを理由に、
開発自体を中止しました[30]。

　この例が示すのは、AIというテクノロジーは、意識的に取り組まなけれ

ば、すでに存在している差別をそのまま是認するだけではなく、助長してしまうおそれを含んでいるということです。技術それ自体が差別を意図するものでなくとも、技術の活用の過程で「差別を受けない」という重要な人権に対する負の影響を与える可能性があるのです。

　AIを活用した個人情報の処理はプライバシーの侵害を増幅させる危険性もあります。2019年8月には、日本の個人情報保護委員会が、AIを使って学生の内定辞退率を算出し、約8,000人分の就活生の個人データを本人の同意を得ずに外部に提供していたことを理由にリクルートキャリアに対して是正勧告を出しました。また、厚労省の東京労働局は、この行為が「特別の理由のない個人情報の外部提供にあたる」として、職業安定法違反として行政指導を行いました。AIの活用により個人情報を処理する企業は、個人情報保護法を遵守し本人の同意を取得するだけでは十分ではなく、個人情報の処理によるプライバシーへの権利への影響を評価し、対処するために必要な体制とプロセスを人権DDの観点から検討する必要があります。

2　顔認証による人権リスク

　このほか、携帯電話の解除機能や空港の入管審査など日常でも広く使われつつある顔認証機能も人権侵害のリスクを孕みます。顔認証は、指紋、手形、虹彩、声など、人間の身体を数値化して識別する技術である生体認証のなかでも精度が高く、特に注意を払う必要があります。たとえば、米国のボストンやサンフランシスコといった都市では、すでに、警察や地方公共団体による顔認証の使用は禁止されています。また、2020年6月には、IBM、マイクロソフト、アマゾンがいずれも顔認証システムの開発・販売からの撤退、あるいは警察への販売の停止を発表しています。同年1月には、ミシガン州で、顔認証AIによりアフリカ系男性が誤認逮捕された事案が発生しました。人種差別という基本的人権に関する問題がすでに深く社会に根ざして

30　ロイター2018年10月11日記事「焦点：アマゾンがAI採用打ち切り、「女性差別」の結果露呈で」（https://jp.reuters.com/article/amazon-jobs-ai-analysis-idJPKCN1ML0DN）

いるため、テクノロジーの利用の過程でそれを完全に取り除くことが困難であり、それが結果的に人権リスクに結びつくのです。

2021年9月には、JR東日本が、監視カメラで全乗客の顔を判別し、刑務所出所者、仮出所者などの顔写真と照合する検知システムについてその中止を発表しました[31]。この事例は、企業がテクノロジーを利活用する際に、さまざまな専門家の意見を十分に聞き、人権リスクを入念に検討することが必要であることを示しています。

31　https://president.jp/articles/-/51210?page=1

Q 52 AIに関する原則

AIに関する原則としてはどのようなものがあるのでしょうか。

> **A** 　社会がAIを受け入れ、適正に利用するため、日本社会が留意すべき基本原則として「人間中心のAI社会原則」があります。そのなかには、公平性、説明責任、および透明性といった人権に関する要素も言及されています。また、G20では「AI原則」が採択されました。

　日本政府は、2018年3月に「人間中心のAI社会原則」[32]を策定しました。ここでは、社会がAIを受け入れ、適正に利用するため、社会が留意すべき基本原則として以下の7つがあげられています。

① 人間中心の原則

② 教育・リテラシーの原則

③ プライバシー確保の原則

④ セキュリティ確保の原則

⑤ 公正競争確保の原則

⑥ 公平性、説明責任、および透明性（Free Accountability and Transparency：FAT）の原則

⑦ イノベーションの原則

　特に、⑥公平性、説明責任、および透明性（FAT）の原則は、AIの設計思想のもとにおいて、人々がその人種、性別、国籍、年齢、政治的信念、宗教等の多様なバックグラウンドを理由に不当な差別をされることなく、すべての人々が公平に扱われなければならないことなどを示しており、AIの設

32　内閣府総合イノベーション戦略推進会議決定「人間中心のAI社会原則」（https://www.cas.go.jp/jp/seisaku/jinkouchinou/pdf/aigensoku.pdf）

計段階から差別を適切に予防することを求めています。また、2019年に日本で開催されたG20では「AI原則」[33]が採択され、ここで、初めて人間中心のAIという価値観について合意がされました。ここでも、「AIシステムのライフサイクルを通じ、法の支配、人権及び民主主義的な価値観を尊重すべきである」とされ、その価値観として、無差別と平等、多様性、公平性、社会正義などが言及されています。

　いずれの原則でも、その開発段階から人権の視点を統合することが、意図しない人権リスクを生じさせないためにも重要であることが強調されています。

33　https://www.mofa.go.jp/mofaj/gaiko/g20/osaka19/pdf/documents/jp/annex_08.pdf

テクノロジーに関する人権リスクへの対応

企業は、このようなテクノロジーに関連する人権リスクに対して、どのような取組みを進めることが考えられるでしょうか。

A まずは方針を策定することにより、テクノロジーの開発段階から人権の視点が保証されるように企業内で浸透することが重要です。それを通じて、サプライヤー等の取引先にも人権の取組みを共有することができます。

メタ（当時フェイスブック）は2021年3月16日に人権方針[34]を発表し、指導原則に沿って各種の国際人権条約を尊重することを表明しました。そのなかでも、非差別という普遍的な義務の重要性を特に強調しています。ただし、2020年4月の株主総会では、株主から取締役会レベルが監視する人権リスクについての報告書の準備やより包括的な人権方針の策定といった内容が提案されていました[35]。このような技術に伴う人権リスクに対する投資家の関心の高まりを示すものといえます。

NTTグループは、2021年11月に制定した人権方針[36]で「特に重要と考える人権課題への対応」として「『高い倫理観に基づくテクノロジー』の推進」を掲げ、テクノロジーの研究開発にあたって人権尊重に基づき適切に対応し、テクノロジーの発展が新たにもたらすさまざまな人権課題も常に注視し、対応することなどを示しています。

また、NECグループは、2019年4月にAIの利活用によって生じうる人権

---

34 https://about.fb.com/wp-content/uploads/2021/03/Facebooks-Corporate-Human-Rights-Policy.pdf

35 https://www.corpgov.net/2020/05/facebook-2020-shareholders-request-equal-votes/

36 https://group.ntt/jp/newsrelease/2021/11/10/pdf/211110ca.pdf

課題を予防・解決するために「NECグループ　AIと人権に関するポリシー」[37]を制定しています。ここでは、①公平性、②プライバシー、③透明性、④説明する責任、⑤適正利用、⑥AIの発展と人材育成、⑦マルチステークホルダーとの対話が含まれています。

さらに、ソニーも、2018年9月に「ソニーグループAI倫理ガイドライン」を策定し、①豊かな生活とよりよい社会の実現、②ステークホルダーとの対話、③安心して使える商品・サービスの提供、④プライバシーの保護、⑤公平性の尊重、⑥透明性の追求、⑦AIの発展と人材の育成をその指針としています[38]。

広く適用される人権方針と同様に、AIの開発と利活用に関する方針も十分浸透するように、社内の教育やかかわるサプライヤー等への周知など、具体的な業務活動に反映させることが実効性のある方針とするためには重要です。

37　https://jpn.nec.com/press/201904/images/0201-01-01.pdf
38　https://www.sony.com/ja/SonyInfo/csr_report/humanrights/AI_Engagement_within_Sony_Group_Ja.pdf　.

Q54　SDGsとビジネスと人権の関係

SDGsとビジネスと人権はどのように関係するでしょうか。

A　SDGsが掲げる各ゴールは人権と深く結びついており、かつ、SDGsは国家のみならず、民間セクターにも取組みを通じた課題解決の役割を期待しています。指導原則に沿った取組みは、SDGs達成の前提となっているといえます。

　2015年9月に国連サミットで採択された「持続可能な開発のための2030アジェンダ」では、「持続可能な開発目標（SDGs）」が2030年までに国際社会として取り組む課題とそのための指標として示されています。貧困、教育、ジェンダー、気候変動、平和などその課題は多岐にわたりますが、いずれも開発途上国のみの課題ではなく、経済発展の度合いにかかわらず取り組むことが求められています。

　SDGsが示す17のゴール・169のターゲットはいずれも人権に関連するものです。たとえば、ゴール1「貧困をなくそう」は十分な生活水準への権利（世界人権宣言25条、社会権規約第11条、子どもの権利27条）や社会保障を受ける権利（世界人権宣言22条、社会権規約9条、障害者権利条約28条、子どもの権利条約26条）そして経済的な生活における女性の平等な権利（女性差別撤廃条約11条、13条、14条(2)(g)、15条(2)、16条(1)）が関連します。また、ゴール8「働きがいも経済成長も」に関連する人権としては、中核的労働基準（関連するILO基本条約は図表1-7参照）のほかに、公正かつ良好な労働条件を享受する権利（世界人権宣言23条、社会権規約6条、7条、10条、障害者権利条約

27条）、奴隷・強制労働・人身取引の禁止（世界人権宣言4条、自由権規約8条、女性差別撤廃条約6条、子どもの権利条約34条～36条）、雇用に関する女性の平等な権利（女性差別撤廃条約11条）、児童労働の禁止（子どもの権利条約32条）、移住労働者の平等な権利（移住労働者権利条約25条）があげられます[39]。このように、SDGsの掲げるゴールはいずれも国際人権条約が定める権利にかかわるものであり、SDGsに取り組むことは、すなわち国際人権に取り組むことを意味します。

さらに、同アジェンダでは、この目標を達成するためには、国家のみならず、民間セクターや市民社会など、あらゆるアクターによる協力が必要であることを強調しています。そして、民間セクターに対しては、指導原則や国際労働機関の労働基準といった取決めに従い、「労働者の権利や環境、保健基準を遵守しつつ」[40]、持続可能な開発課題に取り組むことが期待されています。つまり、企業がSDGsに取り組む大前提として、指導原則に沿った事業活動が求められているのです。企業の事業活動にかかわるステークホルダーの人権リスクは、SDGsが掲げているゴールに関連するものばかりです。SDGsのため、として新たな取組みを検討する前に、まずは既存の事業活動に関する人権リスクに取り組むことがSDGsに対する貢献となるはずです。

39　https://www.hurights.or.jp/japan/aside/sdgs/SDGs_HR_TABLE_A4.pdf
40　https://www.mofa.go.jp/mofaj/files/000101402.pdf

開発課題と人権リスクの関係

開発課題と人権リスクとはどのように関係するでしょうか。

A とりわけ開発において特有の貧困や汚職といった課題が多い国においては、経済開発が人権課題を引き起こす可能性が時に高くなるといえます。経済活動は社会発展や人々の選択肢を増やし多様な機会を提供する一方で、資源や労働力の搾取、その結果による格差の助長のおそれもあります。

　開発を目的とする大規模なインフラの事業では、地元の人たちが土地の立退きを求められ、十分な補償なく、結果的に生活が困窮することもあります。また、森林や鉱物といった資源が多分にある国では、持続可能性が十分に検討されることなく、市場の需要に応えるために過度に伐採・採掘され、それが強制労働につながったり生態系のバランスを崩す等して、結果的に、現地の人々の生活に負の影響を与えることもあります。

　開発支援において、受益者である人々に利益が十分に行き渡るように、さまざまな試みがなされてきました。その1つに、「人権ベースアプローチ」と呼ばれる枠組みがあります。これは、①人権の基準と原則を開発協力に適用し、②人々の「ニーズ」の有無を基準とするのではなく、開発課題を権利侵害としてとらえたうえで、③社会のなかで義務履行者による権利保障の取組みのキャパシティあるいは権利保持者のエンパワーメントを支援するもの[41]です。このようなアプローチによって、その社会における人権課題を根本的に改善することを目指しています。また、国際開発機関や開発金融機関は、それぞれプロジェクトを実施する際に人権や環境に対し負の影響を及ぼ

41　https://www.mofa.go.jp/mofaj/gaiko/oda/shimin/oda_ngo/houkokusho/pdfs/
2012_03_shiryou_08.pdf

すことがないようセーフガードと呼ばれるガイドラインを定めており、その違反に関するグリーバンスメカニズムも備えています。

　企業は、新興国におけるODA事業などに参画する際には、このような開発機関のガイドラインも遵守し、加えて、指導原則に従って自社としての人権DDにしっかりと取り組むことが重要です。

　たとえば、ウガンダとタンザニアを結ぶ、世界最長の加熱式原油パイプラインとして建設が予定されている「東アフリカ原油パイプライン（EACOP）」は、以下のような地域コミュニティへの影響が指摘されています[42]。

・気候変動：パイプラインを通じて輸送される石油の燃焼によるCO_2排出量は年間3,430万トン、デンマークの炭素排出量にほぼ匹敵する量に達する可能性があると試算されています。

・生物多様性：このプロジェクトは、国立公園、狩猟保護区、生物多様性地域、生態学的・生物学的に重要な海洋地域、海洋保護区、マングローブ林、サンゴ礁といった約2,000平方キロメートルの野生生物保護区に影響を与えることが指摘されています。

・森林破壊：パイプラインは森林保護区を通過する予定であり、森林減少の可能性が問題視されています。

・水：パイプラインは飲料や食糧生産に使用する重要な水源を横切ることから、水源や関連する野生生物、生計に与える影響が懸念されています。

・土地紛争と移住：パイプラインの建設と操業によって、約１万4,000世帯の土地を奪うことになることに加え、土地の評価も正当に行われず、補償も遅れていると報告されています。

・生計手段：EACOPが通過する地域の観光と周辺の生態系に依存する人々の生活も影響を受けます。ビクトリア湖といった重要な水源への影響や農地へのアクセスが制限されることにより、農業によって生活をする地域住民の生計が多大な影響を受けます。

42　https://www.business-humanrights.org/en/latest-news/uganda-tanzania-east-african-crude-oil-pipeline-eacop/

特に開発の文脈において留意すべき人権課題としてどのようなテーマがあるでしょうか。

A たとえば、土地や環境を含む、人権の保護のために活動する人権擁護者（Human Rights Defenders；HRD）は、多くの国で危険にさらされています。また、先住民の権利に関するFPIC（自由意思による、事前の、十分な情報に基づく同意）が十分に保障されていないことも課題です。汚職による人権リスクも留意する必要があります。

ビジネスと人権に長年取り組む国際人権NGOのビジネスと人権リソースセンターによると、2021年に報告された615件の人権擁護者に対する攻撃として、鉱業セクターの割合が最も多く、次いで農業関連産業、石油・ガス・石炭、伐採・製材などと続きます[43]。人権擁護者は、実際に命が奪われたり、殺害予告や脅迫、また司法ハラスメント（SLAPP訴訟）の被害も受けたりしています。2021年は、インド、メキシコ、そしてフィリピンで多くの攻撃が起こり、メキシコとブラジルでは最も多くの殺害が起きています。また、少なくとも104件のHRDに対する攻撃は、FPICの欠如や影響評価に関する意見の相違に起因すると報告されています。先住民族は、世界の人口の約5％を占めていますが、2021年にはHRDに対する攻撃全体の18％が先住民族のHRDに対するものでした。

その他、汚職も国のガバナンス機能を侵害するものですが、そのために、人権侵害を引き起こすものです。国連ビジネスと人権作業部会は、2020年6月、人権理事会でビジネスと人権と反汚職の課題の関連性に関する報告書[44]

---

43 https://media.business-humanrights.org/media/documents/2022_HRDs_Investor_Briefing_J.pdf

を発表しました。汚職により、人権保障のための仕組みが十分に機能しなくなり、結果として人権リスクを生じさせます。あるいは、国家に関連したプロジェクトに反対する人たちに対する弾圧や嫌がらせなどにもつながります。

　このような人権リスクも人権DDにおいて自社の事業活動との関係を検討することが必要です。たとえば、人権方針のなかでHRDについて言及したり[45]、ディスカッションを行ったりする[46]などして、HRDに対する取組みを進める企業もあります。

---

[44] https://documents-dds-ny.un.org/doc/UNDOC/GEN/G20/150/03/PDF/G2015003.pdf?OpenElement

[45] https://www.business-humanrights.org/en/big-issues/human-rights-defenders-civic-freedoms/how-companies-investors-can-support-hrds/　人権方針などでHRDに触れている企業の一覧。

[46] https://www.abnamro.com/en/news/abn-amro-gives-human-rights-defenders-a-platform　2019年、オランダの金融機関のABN AmroはHRDに関する状況を改善するための企業の役割について議論を行った。

第7 紛争と人権

> **Q 57** 　紛争影響地域における人権DDの強化
>
> 紛争影響地域における人権DDの強化は、なぜ必要なのでしょうか。どのようなときに、人権DDを強化することが必要になるのでしょうか。

> **A** 　紛争という文脈は、平時と比較して人権に対する負の影響を引き起こす要因を増大させます。そのため、「紛争のレンズ」を通した人権DDの強化が企業の人権尊重責任として必要となります。

1 　人権DDの強化の必要性

　「紛争影響地域」は、平時と異なる人権リスクへの対応が必要となります。指導原則は、国家に対して、「紛争影響地域において企業の人権尊重を支援すること」を求めています。このような紛争影響地域では、紛争が関係する当該国における人権保護が機能しない可能性がよりいっそう高くなることもあり、国家は、企業が紛争に関連して人権侵害を生じさせることがないように支援する義務があります。加えて、企業自身もこのような状況における人権リスクに留意した人権DDの実施が求められます。指導原則は、紛争影響地域に特化した人権DDのあり方について具体的に言及してはいません。しかし、紛争影響地域において人権侵害リスクが高まることからすれば、人権DDも強化することが必要となります。

　企業であっても、武力紛争下では、当然に国際人権・人道法を遵守することが必要です。実際の戦闘中や物理的な戦場でなくても、また企業が実際に敵対行為の当事者を支援する意図がなくても、事業活動を通じて軍事的、後

方支援的、財政的な直接支援を行っていれば武力紛争に密接に関連している
と考えられるためです。

2　人権DD強化のタイミング

　では、企業はどのような状況に遭遇したときに、人権DDを強化すべきな
のでしょうか。国連ビジネスと人権に関する作業部会による報告書[47]では、
以下の要素が示されています。

・武力紛争やその他の不安定な状態：政治的脆弱さ、民族主義的・武装的・
　急進的な反対運動の高まりなどによる政治的変動、深刻な貧困や大量の失
　業、深刻な社会横断的な不平等などによる経済的・社会的問題の変動など
・国の構造の弱さ・不在：独立した公正な司法機関の欠如、治安部隊の効果
　的な文民統制の欠如、高レベルの汚職などの要因の深刻さなど
・深刻な国際人権・人道法違反の報告：過去の残虐犯罪の遺産が、個人の刑
　事責任、賠償、真実の追求、和解のプロセスや、治安・司法部門の包括的
　な改革措置を通じて適切に対処されていない状況など
・警告的なシグナル：緊急法や特別な安全対策の発動、重要な国家機関の停
　止や妨害、特に脆弱なグループや少数派グループの排除につながる場合、
　アイデンティティの政治化の進行、特定のグループや個人を対象とした扇
　動的なレトリックやヘイトスピーチの増加など

3　企業が検討すべき具体的な行動

　以上のような状況に注視しつつ、民兵や準軍事的なグループによる持続的
な兆候がある場合、国家が治安組織を強化したり、特定のグループに対して
動員をかけたりする場合、通信チャネルが厳しく管理されたり禁止されたり
する場合、非政府組織、国際機関、メディア、その他の関連アクターが追放
されたり禁止されたりする場合に人権DDは強化すべきとされています。

47　https://documents-dds-ny.un.org/doc/UNDOC/GEN/N20/190/21/PDF/N2019021.
　pdf?OpenElement

企業は、事業活動を行う以上、紛争影響下において中立的なアクターではなく、意図せずともその存在自体が紛争に影響を与える可能性があると指摘されています。たとえ企業が紛争のどちらかの側につかなくても、その事業の影響は必然的に紛争のダイナミクスに影響を与えることが人権DDの強化が求められる理由でもあります。したがって、紛争影響地域においては、以下のように紛争に配慮したレンズに基づく人権DDが求められます。

①　紛争に影響を与える国や地域の特性、紛争の原因となる現実の不満や認識されている不満など、緊張の根本原因や潜在的な引き金を特定する。

②　紛争の主な関係者と、その動機、能力、暴力を振るう機会をマッピングする。

③　企業の事業、製品、サービスが、既存の社会的緊張やさまざまなグループ間の関係に影響を与えたり、新たな緊張や対立を生み出したりする方法を特定し、予測する。

　平時の人権DDと比べても、より多様な視点と慎重な検討が必要となることから、ステークホルダー・エンゲージメントはきわめて重要です。国際機関や労働組合、NGOなどとの対話を通じ、現地の状況を把握し、自社の事業活動の影響を継続的に検討することが必要となります。

紛争影響地域における責任ある撤退

紛争影響地域において、自社の影響力を排除できない場合にはどうした
らよいのでしょうか。すぐさま撤退することが指導原則でも求められて
いるのでしょうか。

 紛争影響地域では、上述のようにすべての事業活動が紛争に影
響を与える可能性があります。しかし、事業活動が紛争に関連
して人権に対する負の影響を与えるとしても、直ちに撤退することが現
地の状況にとって望ましいとは限らず、「責任ある撤退」を検討するこ
とが必要です。

　人権DDの強化では、企業がその国で活動を終了する際にも「責任ある撤
退」の検討が重要となります。つまり、撤退によってどのような影響を与え
るかを検討し、撤退によって新たな人権リスクを生じさせることを予防する
ことが重要です。

　UNDPと国連ビジネスと人権作業部会による「紛争等の影響を受ける地域
でのビジネスにおける人権デューディリジェンスの強化　手引書」[48]では、
企業が検討すべき事項としてたとえば以下をあげます。

・撤退計画があるか。

・事業開始段階で撤退計画が作成されていたか。

・ステークホルダーに対し、撤退について説明する予定があるか。ステーク
　ホルダーは撤退の計画策定に最大限関与したか。

・人権に与える負の影響が利点を上回るか。

48　"Heightened Human Rights Due Diligence for Business in Conflict-Affected Con-
texts: A Guide" https://www.undp.org/publications/heightened-human-rights-due-
diligence-business-conflict-affected-contexts-guide

また、撤退を検討する際には、事業の停止や撤退が紛争に関する緊張を悪化させる可能性がないか、事業活動の停止や終了による経済的および社会的影響に対する緩和策の策定も重要です。事業譲渡による場合には、買い手の人権に対する取組みも評価し、契約を通じた責任ある運営の継続を目指します。

　2021年2月に発生したミャンマー国軍によるクーデターは、企業が人権DDを強化すべき状況の一例ですが、ノルウェーのテレノールによるミャンマー事業のレバノン企業への売却が責任ある撤退の基準を充足していないとして、以下を理由に市民社会団体は同年7月にノルウェーのNCPに申立てを行いました。

1　リスクに応じた適切なDDを実施せず、ミャンマー事業の売却によって生じる可能性のある人権への負の影響を防止または緩和するための措置を講じなかった。
2　ミャンマー事業の売却に関連し、ミャンマーの市民社会団体を含むステークホルダーとの意義のあるエンゲージメントを実施しなかった。
3　ミャンマー事業からの撤退の決定が透明性を欠いている。

　特にテレノールによる電子通信事業は、市民の表現の自由、平和的集会の自由、知る権利など、紛争によって影響を受ける重要な人権にかかわることから、今回の撤退についてテレノールは説明責任を果たすことが重要です。

第 4 章

事例で学ぶ
人権デュー・ディリジェンス

Q59 事例1：サプライチェーン上の外国人労働者の人権侵害リスクへの対応

A社は衣料品の小売業であり、日本全国に店舗を展開しています。A社の衣料品のうちの一部に、B県の企業C社で縫製した衣料品が入っていました。C社は、縫製の技能実習としてD国人の技能実習生を受け入れていましたが、実際には、服の仕分けや梱包という単純作業を担当させていました。

D国人技能実習生らは、C社における劣悪な労働環境に耐えかねて、産業別労働組合Eに支援要請を行いました。法定外残業（労働基準法に定められる1日8時間を超える労働時間）と休日労働の合計は、月200時間を超過したこともあったと申告しています。基本給は6万円、残業代は600円に設定され、最低賃金法に規定する賃金以下であり、賃金未払いの状態になっていたともいいます。

D国人技能実習生らの支援要請を受けた産業別労働組合Eは、労働基準監督署に対し、雇用主であるC社の労働基準法、最低賃金法違反を申告しました。同時に技能実習生と直接の雇用関係にないA社に対し、技能実習生の待遇を改善することをC社に働きかけるよう求めました。

A社は、どのように対応すべきでしょうか。

A サプライヤーであるC社のD国人技能実習生らに深刻な人権侵害の疑いが生じている状況をふまえれば、A社は、サプライチェーンを通じた人権DDの一環として慎重な調査と対応を実施することが期待されます。このようなA社の対応は、A社のレピュテーションリスクを含む経営リスクが高まることを防止する観点からも有益です。

技能実習生が声をあげにくい脆弱な立場に置かれていることをふまえれば、D国人の技能実習生を支援している産業別労働組合Eと対話協働することで調査や対応を効果的に行うことが可能となります。

サプライヤーC社に対する調査の結果、長時間労働や最低賃金の不払など法令違反や人権侵害の事実が判明した場合には、A社は、C社に対し労働者の待遇改善を働きかけていくことが求められます。ただし、その際には、一方的な是正措置の要求にとどまるのではなく、サプライヤーに対する情報提供・能力強化の支援や、取引価格への転嫁を含む適切な取引条件の実現に向けた協働に努めることも重要です。さらには、A社による賃金補償の検討も選択肢の1つといえます。

1 サプライチェーン上の技能実習生の人権侵害リスクに関する対処の必要性

(1) 技能実習生の人権侵害リスクの深刻性

第3章第1で解説したとおり、技能実習生制度は、過酷な慣行や労働条件が強制労働につながるリスクがあることに関して国内外で懸念が生じています。

特に、本件では、C社におけるD国人技能実習生らの労働環境に関して、長時間労働や最低賃金の不払が申告されており、これらの申告が事実であれば労働基準法や最低賃金法の違反となるばかりではなく、強制労働のリスクも高まることになります。

そのため、A社は、C社におけるD国人技能実習生らの労働環境の問題に重大な人権リスクがあることを前提に詳細な調査や対応を行うことが期待されます。

(2) サプライチェーンを通じた人権DDの必要性

A社はD国人技能実習生らを直接雇用しているわけではなく、D国人技能実習生らを雇用しているのはA社のサプライヤーのC社です。しかし、指導原則は、自社のみならずサプライチェーンを通じて人権への負の影響を評価し、対処する人権DDを要請しています。そのため、サプライヤーが技能実習生を雇用している場合も、サプライヤーによる人権への負の影響に関して

人権DDを実施することが期待されます。

第3章第1で解説したとおり、「サプライチェーンにおける外国人労働者の労働環境改善に関するガイドライン（サプライチェーン外国人労働者ガイドライン）」は、サプライチェーンを通じた人権DDの一環として外国人労働者の労働環境改善に取り組む際の留意点を詳説しており、参考となります。

(3) 企業にとっての経営リスクの重大性

本件で、サプライチェーン上の技能実習生の人権侵害が顕在化した場合、A社にとっても大きな経営リスクとなる可能性があり、対応することがA社自身のためにも有益です。

たとえば、2017年12月にテレビ東京が放送した「ガイアの夜明け "絶望職場" を今こそ変える！」では、あるアパレル企業が、サプライヤーが雇用していた技能実習生から要請文を手渡されたものの面談にいっさい応じず、またテレビ局の取材要請に対しても、法的義務のないことを理由に取材には応じられないと弁護士を通じて回答した結果、このような企業および弁護士の対応が、視聴者から大きな社会的批判を受ける結果となりました。また、2019年6月にNHKが放送した、今治市内のタオル縫製企業でベトナム人技能実習生が過酷な労働に従事しているというドキュメンタリー番組をきっかけに、インターネットではいわゆる炎上状態が起き、定評のある商品ブランド全体のレピュテーションに影響しかねない事態となりました。

このようなレピュテーションの低下に加えて、ESG投資が拡大する現在、技能実習生の人権侵害をきっかけに、投資家からの評価の低下、ひいては投資の引揚げや株価の下落につながりかねません。また、A社が欧米諸国に衣料品を輸出していた場合には、A社は、欧米諸国のサプライチェーンDD規制や貿易規制の影響を受けるリスクも生じます。

2 労働組合との対話・協働の重要性

本件で、A社は、産業別労働組合EからD国人技能実習生らの労働環境改善に関して申入れを受けています。

第3章第1でも解説した通り技能実習生は声をあげられない脆弱な立場に置かれていることをふまえれば、技能実習生を支援する労働組合Eの存在はA社にとっても非常に貴重です。A社は、労働組合Eを通じてD国人技能実習生らの申告や改善要請の内容を具体的に確認することで、人権リスクの調査や対応を効果的に行うことができます。

3　サプライヤーに対する調査・働きかけにおける留意点

(1)　サプライヤーに対する調査

　A社は、人権DDの一環として、サプライヤーC社に対して、長時間労働や最低賃金の不払を含む人権侵害のリスクの有無を慎重に調査することが期待されます。

　本件では、上述のとおり、深刻な人権侵害リスクが疑われることから、サプライヤーC社からのヒアリングにとどまらず、現地監査を実施することも検討することが望ましいと考えられます。

(2)　サプライヤーに対する影響力の行使

　サプライヤーC社に対する調査の結果、長時間労働や最低賃金の不払など法令違反や人権侵害の事実が判明した場合には、A社は、C社に対し、その是正・改善を行うように影響力を行使することが求められます。

　その際には、一方的な是正措置の要求にとどまることなく、サプライヤーC社に対して、中核的労働基準に関する情報提供や、国内労働法令遵守のための研修等、能力強化のための支援を提供することが期待されます。また、長時間労働の改善や適正な賃金の支払は、コスト増加につながりますので、このようなコストが取引価格に転嫁されることを容認することを含めて、適切な取引条件の実現に向けた交渉に応じることも、発注企業であるA社として必要な対応です。外国人労働者の労働環境改善のためには、A社とC社で、協働して取り組んでいくことが必要なのです。

4 実際の企業の対応例

　本件事例のベースとなった実例として、2018年7月、衣料品小売業のしまむらは、ものづくり産業別労働組合JAMから、下請企業における技能実習生の過酷な労働環境について事実調査をし、再発防止策をとるよう求められました。下請企業では、技能実習生が衣料品の値札付けの作業等にあたり、冒頭記載の例のように、最低賃金法以下の賃金で長時間労働を強いられていました。

　労組から要求を受けたしまむらは、「発注企業の社会的責任として、サプライチェーン全体における法令遵守を求める必要があると考え、サプライヤーへの注意喚起をし、外国人技能実習に関する具体的調査・対策を今後進めていく」旨の回答をし、労組から一定の評価を得ています[1]。

　また、同社は、同様の事例が発生しないようにするため，すべての取引先に対して、技能実習生への人権侵害がないよう求める通知を2018年12月に出しました。

1　産業別労働組合JAMほか「外国人技能実習生への違法行為と人権侵害、企業の社会的責任」（20181206ginou.pdf（jam-union.or.jp））

Q 60 事例2：開発事業における地域住民の人権侵害リスクへの対応

　A国は10年前に軍事政権から民政化を果たし、政治状況も落ち着いたことから、経済発展を目指し外国投資の呼び込みに熱心な国です。B国は、政府開発援助（ODA）を通じて、経済特別区（SEZ）の開発を行っていました。SEZの建設のためにその土地に住んでいた住民は立退きをすることとなりました。しかし、立退きに対する補償について、その内容が十分ではないという訴えがNGOを通じてB国政府のODAに関するグリーバンスメカニズムに申し立てられました。

　このSEZで現地法人を設立し、事業活動をする建設産業のC社は、どのように対応すべきでしょうか。C社は、人権方針を策定し指導原則に沿った人権DDを実施すると述べています。

　また、B国は、ODAに関するセーフガードを策定し、プロジェクトの実施に際しては、環境・人権に負の影響がないか確認するプロセスを実施しています。

A　開発事業においては、当該国の政府の役割や関与が大きいことが多いですが、企業は自社としての人権尊重責任を果たすために人権DDを実施する必要があります。特に、土地の立退きは、新興国においては所有権が複雑なケースも多く、形式的には合法的な手続であっても人権の観点から十分な補償がされていない可能性もあります。したがって、たとえ国家間の合意に基づく事業であってもそれが企業の責任を軽減させるものではなく、人権方針でコミットメントを示したように、人権DDを通じ、事業活動に伴う人権リスクを特定、評価します。

　ガバナンスが脆弱な国では、人権擁護者を含め、人権侵害を訴える人が危険にさらされることも多くあります。NGOや労働組合など、現地の状況に詳しい人たちの話を聞くことも人権DDの実効性を確保するた

めに重要です。

　国家基盤型かつ非司法的なグリーバンスメカニズムの申立てについて、企業も当事者として協力が求められる場合もあります。申立て人が、十分に情報にアクセスできない、言語的な障壁があるといった力の不均衡があることも考慮します。加えて、指導原則が求めるように、自社も事業レベルのグリーバンスメカニズムを設置します。

　そのうえで、具体的な申立てについては、自社の人権尊重責任の観点から、申立人とのエンゲージメントやＢ国への働きかけも含め、影響力の行使とそれを通じた救済・是正のあり方を検討します。

1　開発の文脈での人権リスク

　第３章第６で解説したとおり、企業は、新興国における開発の文脈で、特に留意すべき人権課題を十分に理解する必要があります。どの国においても人権リスクは存在しますし、それはSDGsが経済発展度合いに限らずすべての国において取り組むべきとされていることからも明らかです。ただし、開発の文脈で特有の課題として、たとえば、政府のガバナンスが特に脆弱であることが、司法・行政制度の実効性に影響を与えます。このような状況は汚職の原因となり、それ自体が人権リスクを生じさせることが考えられます。そのため、一見すると法制度にのっとった手続であるとしても、そのことが人権リスク自体を否定するものではないことに、よりいっそう留意することが重要です。

　汚職により、たとえば、行政サービスが公平に行き渡らず、そのために、事業活動による人権リスクも深刻化することも考えられます。また、警察権力によって、政府や有力者の事業活動に反対する人たちが強制的に排除されることもあります。そのことが人権擁護者が直面する人権リスクを高めます。生命に対する直接的な危険のみならず、「SLAPP」と呼ばれる嫌がらせを目的とする訴訟提起も頻繁にみられます。

また、事業の対象地が先住民族にとって重要な土地であるにもかかわらず、その権利が保障されない、特に、その土地の利用に際してFPIC（自由意思による、事前の、十分な情報に基づく同意）が保障されているか、慎重な検討が必要です。

2　人権DDの実施　開発事業の人権リスクを特定、評価する際の留意事項

(1)　事業開始時の人権DD

C社は、人権方針に従って、自社としてもA国で事業を開始するに際して人権DDを実施します。人権DDは継続的なプロセスであり、特に事業に変化が生じる場合には、それに伴う人権リスクを把握することが必要となります。経営の観点からのDDではなく、人権DDは、あくまで事業活動によって影響を受けるステークホルダーの人権リスクを把握することが目的であることを常に念頭に置きましょう。

そのため、人権リスクを特定する前提として、事業活動によって影響を受ける「ステークホルダー」がだれであるのかを考えることが必要です。現地法人を設立する場合は、当然、その従業員、また、現地のサプライヤーとその従業員を含みます。それに加えて、事業活動を行う土地の住民やその付近の地域住民がより直接的に影響を受けやすいステークホルダーとして考えられます。

また、労働者というステークホルダーのなかでも、ジェンダーや外国人労働者といった社会的属性の違いが脆弱性を高める可能性が高いといえます。このような脆弱性は社会的構造に起因することも多いでしょう。新興国では、特にインフォーマルセクターの労働者の割合が高く、そのことが労働者の権利侵害を生じさせやすくしていることにも留意します。

(2)　人権リスクの特定・評価

民主化の過程では、多くのステークホルダーがかかわることから、複雑な状況となることも考えられます。事業を行うに際しては、その国の歴史、文

化、社会状況などを複数の視点から十分に理解することが重要です。開発分野、地域研究、文化人類学といった知見をもつ外部専門家の知見を得ることも有用です。国連機関やNGOによる報告書なども、このような複雑な要因を分析する際に活用すべきものです。

ただし、開発課題があること自体が、直ちに企業の撤退の理由になるものではなく、また、撤退は開発課題の解決にはなりません。近年の人権DDに関する法制化も一因となり、企業によるこういった国々からの事業撤退が進むのではないかという懸念も示されています。しかし、もともと開発課題が生じるのは、いわゆるグローバルノースといわれる経済先進国とグローバルサウスと呼ばれる経済新興国の格差も原因です。このような格差を是正し、それに伴うさまざまな人権課題を少しでも改善するべく国際社会が協力して取り組むべきであり、企業の人権尊重責任もその一部です。

(3) 土地の立退きに伴う人権リスク

土地の立退き行為は、さまざまな問題を伴うことが考えられるため、とりわけ慎重な検討が求められます。

まず、土地の立退きが強制的に行われた場合、そこにいた住民らの生命・安全等が侵害される可能性があります。仮に、その国の行政手続にのっとったものであったとしても、上述のとおり、新興国では特に国家が関与する事業に伴う人権リスクが高まるため、その国における「適法性」だけでは必ずしも判断することはできません。

立退きに際して、財産権の侵害の問題もあるかもしれません。従前、社会情勢が不安定であった国では、土地の所有権を示す資料が十分に残っておらず、土地の権利関係が混乱しているといった事情もあり、そのことを国や企業が利用して、住民らによる不法占拠として強制退去させることもあります。

また、仮に、立退きが「同意」に基づくものだとしても、今度は、その「同意」が真に当事者の意思に基づくものであるかが問題となりえます。つまり、本心では移転に納得していなかったとしても、脅迫されるような方法

で結果的に同意させられる、つまり、実質的には強制立退きという場合も考えられます。

あるいは立退きを求められた際に、たとえば、移転後の土地でも移転前と同様の生活を送ることができる、必要な農地等を提供する、といった説明がされていたとしても、実際に移ってみると、まったく状況が異なるという可能性もあります。移動手段も限られ、情報へのアクセスも限られると、移転前に実際のようすを確認することがむずかしいことも多いのが現状です。そのため、同意の前提となる条件が異なっていたことにより、「十分な情報に基づく同意」ではないと評価できる場合があります。

特に新興国では、農産業など第1次産業で生計を立てていることも多く、そのため、たとえば、移転後の土地が非常に痩せていてまったく農作物が育たないような場合、健康への影響や貧困のリスクが急激に高まる可能性もあります。単なる代替地では人権保障の観点から十分ではなく、立退き前と同等の生活を送ることができるような補償が必要です。

3　グリーバンスメカニズムの確保

(1)　国家基盤型司法型および非司法型

国家基盤型のグリーバンスメカニズムとしては、裁判所をはじめとする司法基盤型が考えられます。しかし、必ずしもこのようなフォーマルな司法手続が機能しているとは限らず、A国のような新興国の場合には、上述のとおり、汚職などにより、司法手続による権利保障が期待できない場合もあります。むしろ、司法手続を利用した権利侵害が起きることも想定する必要があります。

今回の事案のように、ODA事業の場合に、B国が設置している非司法基盤型のグリーバンスメカニズムの利用も考えられます。これには、OECD多国籍企業行動指針日本連絡窓口（NCP）も含まれます。ただし、これらのグリーバンスメカニズムが指導原則の原則31の求める要件を充足しているかどうかは個別に検討が必要です。特に、A国の申立て人らに、十分な資料が開

示されていないことも多く、利用可能性、公平性、透明性といった観点から課題が指摘されることもあるでしょう。国家間の合意に基づく事業であるからこそ、より慎重に検討することが必要です。

(2) 事業レベルのグリーバンスメカニズムの設置

国家基盤型の仕組みに加えて、企業は自社の責任として指導原則に基づき事業レベルのグリーバンスメカニズムを設置します。その際には、指導原則の原則31が掲げる要件を充足していることが必要です。個社として設置するだけではなく、複数の企業が協働してこのような仕組みを設置、運営することも考えられます。

グリーバンスメカニズムは、事業活動によって影響を受けるステークホルダーが利用者であることから、企業は利用者に対する制度の周知にも努める必要があります。言語や申立て方法など、新興国の実情にあわせた柔軟な対応が必要となります。

この制度を通じた申立てがあった場合には、申立て人らによる訴えをまずはよく聞き、調査します。その際には、上述の特にA国の歴史や社会状況をふまえ、開発の文脈による人権リスクの観点から検討することが重要です。

また、このような申立てをした地域住民らに対する嫌がらせといった危害が加えられる可能性もあるため、申立て人らの希望を聞きながら、安全の確保に努めます。

4 救済・是正の提供

C社の立場では、仮に申立てどおりの内容が生じていたとしても、そのかかわりは事業活動と「直接関連する」ものであり、救済に向けた取組みを自社として実施することはむずかしい立場かもしれません。しかし、SEZで操業する企業としての影響力を行使することを考えることが求められます。たとえば、立退きの対象となった住民の生計回復手段への協力などが考えられます。

また、ODAによる事業であることから、B国政府に対して、今回の問題

についてA国と協力して取り組むよう求めることも検討してみましょう。

　特に、開発の場面で生じる人権侵害は、社会・経済状況の不安定さが理由となり、影響が長らく続き、結果的に持続可能な開発を妨げる可能性もあります。また、問題の背景として、教育、社会保障、腐敗といった、構造的な課題が影響を及ぼしていることも多く、よりいっそう、中長期的な視野で負の影響に取り組むことが求められます。企業のみでの取組みが困難な場合には、政府や国際機関、また、NGOといったマルチステークホルダーによるコレクティブアクションが必要です。

事例3：紛争影響地域からの調達における人権侵害リスクへの対応

　A社は電機メーカーであり、海外から調達した部品や資材を使用して生産した電気製品を欧米・中国市場を含む世界各国に対して輸出しています。A社のサプライチェーンはグローバルで重層的な構造になっています。

　A社が直接取引関係を有しない二次以下のサプライヤーには、新疆ウイグル自治区に所在する工場Bが存在しています。近年の新疆における少数民族の弾圧・強制労働に関する懸念をふまえ、国際人権NGO「X」は、A社が新疆ウイグル自治区から調達している可能性を報告書において指摘し、A社が人権侵害に加担していると非難しました。その結果、A社は、多数のメディアからも、工場Bとの関係について問合せを受ける状況になっています。

　A社の工場Bに対する監査においては、強制労働を疑わせる事実は現在のところ判明していません。また、同工場Bから調達した部品を含む製品は主に中国国内向けに出荷されており、欧米市場には輸出されていません。

　A社は、工場Bから調達を続ければ、国際人権NGO「X」を含め一部の政府・メディア・NGOから強い批判を受けることを懸念している一方、工場Bからの調達を中止すれば、中国国内で批判を受け不買運動を生じることも懸念しています。

　A社は、人権DDを実施する観点からは、工場Bからの調達に関してどのように対応し、またメディア・NGOに対しどのように開示をすべきでしょうか。

　また、A社が、米国に輸出した製品について、米国の税関当局から保留措置を受けた場合にはどのように対応すべきでしょうか。

A　A社が、本件のような国際紛争にも関連する問題についても重要な人権課題ととらえ、人権尊重責任を果たす観点から、指導原則に則り人権DDを実施する姿勢を明確にすることは、政治的紛争に巻き込まれないためにも有益です。

　A社は、新疆ウイグル自治区のような紛争影響地域からの調達を行うにあたっては、高度な人権DDの実施が必要になります。メディア・NGOの懸念に応える観点からは、人権DDのプロセスを具体的に開示することが重要です。

　米国で保留措置を受けた場合には、米国に輸入した製品がそもそも新疆ウイグル自治区から調達されたものではないことを主張して保留解除申請や異議申立てを行うことも考えられますが、これらが認められるためには平時からサプライチェーンを追跡し、記録化を行うことが重要となります。

1　指導原則に則った人権DDを実施することの意義

　欧米諸国の政府[2]や国際人権NGO[3]を中心に、新疆ウイグル自治区において、中国政府が関与したかたちで少数民族に対する弾圧が行われており、また工場においても強制労働が行われていることを告発する多数の報告書が発表されています。国連人権高等弁務官も、2022年8月、新疆ウイグル自治区に深刻な人権侵害が発生しているとの報告書を発表しました[4]。これに対し、中国政府は、このような告発を強く否定し続けています。

　新疆ウイグル問題が大きく取り上げられる背景には、米国と中国間の強い

2　たとえば、米国政府は、「Xinjiang Supply Chain Business Advisory」を発表・更新している。

3　たとえば、Australian Strategic Policy Instituteは、2022年3月、"Uyghurs for sale"と題するレポートを発表している。

4　OHCHR Assessment of human rights concerns in the Xinjiang Uyghur Autonomous Region, People's Republic of China（2022年8月31日発表）

政治的な対立があるともいわれています。A社は、ビジネス上、欧米と中国との間の対立のなかで板挟みの状態にあるといえ、政治問題に巻き込まれたくないと考えるかもしれません。

しかし、新疆ウイグル問題については、多くの団体・関係者から人権侵害の疑いが問題提起されている以上、人権DDの実施を通じて人権リスクを慎重に評価・対処すべき問題といえます。これを単なる政治問題としてのみ扱うことは、企業として人権を軽視しているとの批判につながりかねません。

一方、A社が人権DDを実施する目的は、欧米政府と中国政府のどちらの主張が正しいか、その政治的立場を明確にすることにあるわけではありません。企業として人権尊重責任を果たす姿勢を明確にし、欧米か中国かではなく、むしろ国際的に承認された企業の行動基準である指導原則に基づく人権DDを実施することが、政治的な問題に巻き込まれないための砦にもなります。

2 紛争影響地域からの調達における高度な人権DDの実施の必要性

A社は、新疆ウイグル自治区に所在する工場Bから調達をしています。工場Bは、A社が直接取引関係を有しない二次以下のサプライヤーではありますが、新疆ウイグル自治区においては、少数民族の弾圧・強制労働に関して疑念が生じている以上、高度な人権DDが必要となります。

本件では、A社の工場Bに対する監査においては、強制労働を疑わせる事実は現在のところ判明していないとことです。しかし、高度な人権DDの実施にあたっては、自社による監査のみでは客観性に欠けるため、独立した専門家の監督のもとでの監査機関による現地監査を行うことが一般的に必要となります。

特に、新疆ウイグル自治区では、政府が、貧困削減などの名目で、ウイグル民族などの少数民族を強制収容所や訓練教育施設に収容したうえで、政府から補助金を受けた企業が強制収容施設の周辺に建設された工場において、

政府関係者の仲介のもとで少数民族を強制労働させていると告発されています[5]。このような告発が存在する以上、このような事実を疑わせるような危険の兆候がないか否かも慎重に確認する必要があります。

また、新疆ウイグル自治区では、監査人が監査の妨害を受けたり、政府の通訳者を使用するように要求を受けたり、監査人が労働者にインタビューしても監視ゆえに真意に基づく回答が得られない危険性があるとの指摘もなされています[6]。そのため、監査の信頼性についても確認することが重要となります。

人権DDにおいては、サプライチェーンにおいて人権への負の影響が存在する場合、これを軽減するための影響力の行使が求められており、取引関係の終了は常に要求されているわけではありません。しかしながら、工場Bにおいて政府も関与したかたちでの強制労働の危険の兆候が存在し、A社による働きかけによっては是正を期待することができない場合や工場Bに対する監査の信頼性を確保できない場合には、工場Bとの間の取引関係の停止を検討することが考えられます。

ただし、工場Bとの取引関係を停止する場合には、工場Bの労働者などステークホルダーに負の影響を生じないようにも配慮する必要があります。

3 メディア・NGOに対する開示における留意点

(1) 新疆ウイグル自治区からの調達に関する開示の要否

本件では、すでに国際人権NGO「X」がA社の新疆ウイグル自治区からの調達の可能性を指摘しています。Aがこの点についてなんらかの説明を行わないことはかえって事実を隠蔽していると疑念をもたれる可能性があります。

A社は、サプライチェーンが透明であることを強調する観点からは、新疆ウイグル自治区からの調達の有無について明確に説明することが重要と考え

5　米国政府「Xinjiang Supply Chain Business Advisory」2021年7月改訂版3頁以下。
6　米国政府「Xinjiang Supply Chain Business Advisory」2021年7月改訂版14-15頁。

ます。

⑵ 人権侵害への懸念の表明の要否

一方、A社は、新疆ウイグル自治区における人権侵害について、主体的に懸念を表明するべきか否かについて、各社によって判断が分かれると思われます。

新疆ウイグル自治区における人権侵害にめぐって欧米と中国の主張が対立している状況下では、政治問題に巻き込まれてしまうことを回避するためにも、A社として主体的に人権侵害の懸念を表明しないとの判断は理解できます。

ただし、A社として主体的に懸念を表明しないとしても、欧米諸国の政府や国際人権NGOが人権侵害を告発し、懸念を表明していることは客観的に事実である以上、このような告発・懸念があることを十分に考慮のうえで、慎重に人権DDを実施していることを説明することは重要です。

⑶ 人権DDのプロセスの具体的な開示の必要性

A社が工場Bから調達を続けている場合には、新疆ウイグル自治区での少数民族差別や強制労働について告発がなされている以上、いかに工場Bにおいて強制労働のリスクがないか否かを慎重に調査することを試みているかを具体的に説明することが重要です。また、新疆ウイグル自治区における監査の信頼性に関して疑問が呈されている以上、監査の信頼性をいかに確保することを試みているかを具体的に説明することも重要です。

一方、A社が工場Bから調達を停止した場合には、いかに責任あるかたちで調達を停止したのかを説明することが必要となります。

サプライチェーン透明性の強化の観点から、A社には工場Bなどの具体的な工場・企業の名称をサプライヤーリストとして開示することも期待されるようになっています。A社として、現時点で具体的な工場名まで開示することはむずかしいと判断する場合でも、少なくとも上述した人権DDのプロセスについては具体的に説明することが重要です。

4　米国において保留措置を受けた場合の留意点

(1)　ウイグル強制労働防止法の概要

　ウイグル強制労働防止法は、新疆ウイグル自治区から調達された製品および、同法が指定したエンティティリスト掲載企業から調達された製品は強制労働によって生産されたものとみなし、関税法に基づき原則輸入を禁止するものです。新疆ウイグル自治区から調達された製品およびエンティティリスト掲載企業から調達された製品については、輸入者に強制労働によって生産されたものではないことについてClear and Convincing Evidence（明確かつ説得的な証拠）による反証が求められます。

　保留対象の商品は、従前の保留命令とは異なり、綿製品などに限定されずすべての種類の製品を対象としています。

　2022年6月の法律の施行にあたり、強制労働執行タスクフォースの戦略および輸入者向け運用ガイダンスが発表されました。同戦略では、強制労働に関与した団体等をエンティティリストに指定しています。

(2)　保留商品に対する保留解除申請や異議申立て手続

　米国で商品の保留措置を受けた場合には、輸入者は、保留解除申請（Petition）を申し立てることができます。万一保留解除申請が認められず、製品の排除決定が下された場合には、異議申立て（Protest）を行うことも可能です。

　図表4－1のとおり、保留された製品が新疆ウイグル自治区・エンティティリスト掲載企業からも調達されていたものか否かによって、ウイグル強制労働防止法が適用されるか否か、また保留解除申請等でいかなる主張立証を行うべきかに関しては異なります。

　本件では、新疆ウイグル自治区所在の工場Bから調達した部品を含む製品は米国には輸出されていないとのことです。そのため、ウイグル強制労働防止法に基づく輸入禁止の対象にそもそもならない商品である可能性があります。

図表4−1　ウイグル強制労働防止法の適用関係

保留商品の調達先	規制の適用・効果	保留解除申請等における主張立証内容
新疆ウイグル自治区またはエンティティリスト掲載企業から調達されている場合	規制が適用され、強制労働によって生産されたものとみなされ、輸入が原則禁止。	強制労働によって生産されたものではないことに関しClear and Convincing Evidence（明確かつ説得的な証拠）による反証が必要。サプライチェーンの取引関係資料のほか、強制労働の有無に関する監査記録などの提出が必要。
新疆ウイグル自治区・エンティティリスト掲載企業いずれからも調達されていない場合	そもそも規制は適用されない。	新疆ウイグル自治区・エンティティリスト掲載企業から調達されていないことを示す、サプライチェーンの取引関係資料の提出が必要。

　これをふまえると、A社は、保留解除申請などにあたって、米国に輸入した製品がそもそも新疆ウイグル自治区およびエンティティリスト掲載企業から調達された製品ではないことを主張することが考えられます。そのためには、A社は、サプライチェーンのフローチャートや各取引を根拠づける詳細な証拠資料を提出する必要があります。

　ただし、本件のように電気製品である場合にはその部品・資材が多数に及ぶ可能性があります。この点、強制労働執行タスクフォースの戦略は、アパレル、綿・綿製品、トマト・トマト製品、シリカ製品を重点セクターとして特定しています。そのことをふまえると、特に電気製品については、シリカに関連するサプライチェーンについて重点的に調査し、証拠資料を提出していくことも考えられます。

　このように米国の保留措置に対する法的手続を効果的に行うためには、平時からサプライチェーンを追跡し、記録化をしておくことが重要となります。

人権デュー・ディリジェンスの実務

2023年3月13日　第1刷発行

著　者　大　村　恵　実
　　　　佐　藤　暁　子
　　　　高　橋　大　祐
発行者　加　藤　一　浩

〒160-8520　東京都新宿区南元町19
発　行　所　一般社団法人 金融財政事情研究会
企画・制作・販売　株式会社きんざい
　　出 版 部　TEL 03(3355)2251　FAX 03(3357)7416
　　販売受付　TEL 03(3358)2891　FAX 03(3358)0037
　　　　　　　URL https://www.kinzai.jp/

DTP・校正：株式会社友人社／印刷：三松堂株式会社

・本書の内容の一部あるいは全部を無断で複写・複製・転訳載すること、および
　磁気または光記録媒体、コンピュータネットワーク上等へ入力することは、法
　律で認められた場合を除き、著作者および出版社の権利の侵害となります。
・落丁・乱丁本はお取替えいたします。定価はカバーに表示してあります。

ISBN978-4-322-14226-6